西南联大文史通识讲

西南联大
1937
—
1946

文史通识讲

诗词课

闻一多

等 著

苏州新闻出版集团

古吴轩出版社

图书在版编目（CIP）数据

西南联大文史通识讲. 诗词课 / 闻一多等著. -- 苏州：古吴轩出版社，2023.7
ISBN 978-7-5546-2157-8

Ⅰ. ①西… Ⅱ. ①闻… Ⅲ. ①文史—高等学校—教材 ②诗词—诗歌欣赏—中国—高等学校—教材 Ⅳ. ①C43 ②I207.2

中国国家版本馆CIP数据核字（2023）第114667号

责任编辑：顾　熙
见习编辑：张　君
策　　划：村　上　牛宏岩
装帧设计：言　成

书　　名：**西南联大文史通识讲·诗词课**
著　　者：闻一多等
出版发行：苏州新闻出版集团
　　　　　古吴轩出版社
　　　　　地址：苏州市八达街118号苏州新闻大厦30F
　　　　　电话：0512-65233679　　　邮编：215123
出 版 人：王乐飞
印　　刷：天宇万达印刷有限公司
开　　本：880×1230　　1/32
印　　张：8
字　　数：168千字
版　　次：2023年7月第1版
印　　次：2023年7月第1次印刷
书　　号：ISBN 978-7-5546-2157-8
定　　价：46.00元

如有印装质量问题，请与印刷厂联系。0318-5302229

屈原虽没写人民的生活，诉人民的痛苦，然而实质等于领导了一次
人民革命，替人民报了一次仇。屈原是中国历史上惟一有充分条件称为
人民诗人的人。

——闻一多《人民的诗人——屈原》

　　诗意是整个画中有一个境界。或是疏旷，或是雄浑，或是淡远，或是函逸，总而言之，就是一种诗境。

——杨振声《诗歌与图画》

黃菊東籬已著花酥餘

疏林懇山人家怡情寰是

南山色秋柳西風夕照斜

先生醉矣菊已著花餐英者誰正

無事白衣送酒也

　　渊明则进而处于出世入世之间，寻一地以自娱，自存其小国寡民思想，但较孔子之无入而不自得又不及矣。

——罗庸《诗人陶潜》

　　一般人爱说唐诗，我却要讲"诗唐"。诗唐者，诗的唐朝也。懂得了诗的唐朝，才能欣赏唐朝的诗。

——闻一多《诗的唐朝》

含风翠壁孤烟细
昔日月枫萧木穗

柳永的词，用俗曲、俗语、俗字写当时城市居民的生活、思想，写飘泊的诗人的情绪与肉体的追求，脱尽"花间"以来的习气。

——浦江清《柳永》

一个人高兴的时候或悲哀的时候，常愿意将自己的心情诉说出来，给别人或自己听。日常的言语不够劲儿，便用歌唱；一唱三叹的叫别人回肠荡气。

——朱自清《〈诗经〉》

　　欧阳修绝不好道求仙，他没有神仙思想、求长生等一套观念。他认为人生飘忽，是短暂的，但是可以不朽于后世。

——浦江清《欧阳修》

二 词

一

诗

1937
—
1946

诗歌与图画 杨振声

  诗歌在广义方面看，它的起源，不但先于文字，也许还先于成熟的语言。它与初民穴居中那些雏形的图画一样早，一样的是他们在实际生活需要以上发射出来艺术的曙光。

  语言的成熟，是指能以完全用它表达意思与情感于他人，而又为他人所了解而言，这需要长时期的试验与发展。人类与生俱来的情感——尤其在初民时代，整个宇宙是情感的对象，不是理智的对象时，他们当然等不得语言的成熟，才应用以表情达意，而他们用以表情达意的，是不完全的语言，辅以手描脚画、象形式的动作，以及抑扬高下、感叹式的声音。这些就部分地说明了语言、舞蹈与音乐合而发展为古代的诗歌；也部分地看出文字的起源——记载语言的符号，不能离开象形象声，类似图画的痕迹。《诗序》所谓"言之不足，故嗟叹之；嗟叹之不足，故永歌之；永歌之不足，不知手之舞之、足之蹈之也"虽足以说明古来诗歌与音乐及跳舞的"三位一体"，但对于其发生之次序，还不算是一个"美丽的臆断"。

  诗歌、音乐、舞蹈与图画，到后来虽各自旁立门户，蔚为大国，在其起源是同生于类似的情志，表现于适合的形式，一种美感的要求。而"适合"也正是美的确切的解释。

不过，诗歌与图画，在其初级的发展中，并不如诗歌与音乐、舞蹈那样密切，而其密切的关系，反生于稷季的发展。在诗歌发展到"山水方滋"的境界，而图画尚在写人物的阶段。及图画由人物以至鸟兽楼台，更由其背景作用以至为独立的山水，视诗歌久已"瞠乎其后"了。然而，把诗歌与图画联成一体，使为发生内部的渗透作用，因而使这两种艺术相得益彰的是"书画同源"为之媒介。

"书画同源"是中国艺术史上独有的问题，也是中国诗所以那般接近自然而中国画所以在世界艺术上独占一种风格的原因。这里并不是说旁的国家的诗歌与图画不相接近〔其接近由于另一种原因，如二十世纪初，美国印象派（imagist）所主张的诗的内容，即其一证〕，只是说中国的诗与画，为了书画同源的关系，其相互的影响特别早、特别大，至于形成中国诗画的特殊风格。

无论哪一国的字，都没有成为独立的艺术品的，除了在图案上偶尔占点艺术风味。中国的书法，不独与图画、雕刻（碑碣也是雕刻的一种）并列，而且书法实是图画与雕刻的生命所寄（画法中的骨法用笔，浮雕中的线条，碑碣更无论）。因此书与画就发生了极密切的关系。除了画院派的画人外，文人派的画家往往便是书家，也往往便是诗人。画院派画到"灵品"与"妙品"，而中国画中最重要的在所谓"神品"与"逸品"，却又往往是文人画。自钟繇、王献之、顾恺之、谢灵运、王维、宋徽宗，以至赵孟頫、倪云林、董其昌，都是很显著的例。

画家既往往是文人，又往往是诗人（实在说，中国的文人与诗人没有界限），则在诗与画的修养上与作风上也就难以分开了。不独"诗中有画，画中有诗"成为诗人与画家的术语，而诗画可以写在一幅上，表示一个同样的意境；且有时互相发明，成为一种艺术上的合体。

诗歌与图画既在中国文艺史上发生如此密切的关系，我们不能不注意这种关系的价值。在诗歌与图画独立成为文艺作品时，它们彼此相互的影响更显然出于本体以外，这就到了诗境的"隔"与"不隔"（王国维《人间词话》）以及画中有无"意境"的问题。大抵诗境之"隔"，由于印象的模糊，故能使诗不隔者莫如画。画无意境，由于缺乏诗意，故能使画有意境者莫如诗。今先谈画对诗之影响，再谈诗对画之影响。

大抵写景，文字远不如形象艺术（Plastic Arts）之具体而清显。后世印象复杂，亦不如古人所表现者之单纯而有力。《诗经》中之"萧萧马鸣，悠悠斾旌"或"蒹葭苍苍，白露为霜"，随便举例，其印象莫不单纯而明晰（至其音乐成分之高，盖出于诗歌于音乐未分）。时代愈后，意象愈复杂，艺术各部门分立愈远，而诗中的印象便愈模糊。"池塘生春草""空梁落燕泥"，已是十分难得的佳句了。惟情景随人事的演进而日趋复杂，诗人的选择力与表现力，所赖于图画之帮助处必更大。就一般言之，写小景易，写大景难；写清景易，写浑景难；写美景易，写情景难。试举例言之：

"蝉声集古寺，鸟影度寒塘"，或"青苔寺里无马迹，绿水桥边多酒楼"，与"锦江春色来天地，玉垒浮云变古今"，或"日落江湖白，潮来天地青"，则小景比大景易得清楚。

"芙蓉露下落，杨柳月中疏"，或"明月松间照，清泉石上流"，与"天苍苍，野茫茫，风吹草低见牛羊"，或"五更鼓角声悲壮，三峡星河影动摇"，则清景比浑景易得亲切。

"暮春三月，江南草长，杂花生树，群莺乱飞"，或"细雨鱼儿出，微风燕子斜"，与"采菊东篱下，悠然见南山"，或"振衣千仞岗，濯足万里流"，则美景比情景易于描写。

写小景、清景、美景，颇近于工笔画；景愈大愈浑愈不易写，在画中已近于写意画。至于情景，高妙者往往远出画境以上，图画也只有望尘莫及了。

至于诗对画之影响，更为明显。无论画山水或写生，若仅只摹写天然，愈写得工细，写得逼真，我们愈要说他"匠气"。"匠气"便是缺乏"诗意"。诗意是整个画中有一个境界。或是疏旷，或是雄浑，或是淡远，或是函逸，总而言之，就是一种诗境。画家必须能将他于外界的印象，经过一番陶熔与融会，从自己的性灵中表现出来，然后才是"颜色的抒情诗"或"无声诗"。这样的画家实在与诗人并无二致，所差的仅在工具的不同。至于有些诗境不是图画所能达到的，那是艺术本身的限制，不是高下的问题。我们试看苏东坡（也是画家）题《惠崇春江晚景》诗（惠崇也是诗人）："竹外桃花三两枝，春江水暖鸭先知。萎蒿满地芦芽短，正是河豚欲上时。"诗意与画境已经糅合为一，无从分出哪是诗、哪是画了。

《诗经》 朱自清

　　诗的源头是歌谣。上古时候，没有文字，只有唱的歌谣，没有写的诗。一个人高兴的时候或悲哀的时候，常愿意将自己的心情诉说出来，给别人或自己听。日常的言语不够劲儿，便用歌唱；一唱三叹的叫别人回肠荡气。唱叹再不够的话，便手也舞起来了，脚也蹈起来了，反正要将劲儿使到了家。碰到节日，大家聚在一起酬神作乐，唱歌的机会更多。或一唱众和，或彼此竞胜。传说葛天氏的乐八章，三个人唱，拿着牛尾，踏着脚[①]，似乎就是描写这种光景的。歌谣越唱越多，虽没有书，却存在人的记忆里。有了现成的歌儿，就可借他人酒杯，浇自己块垒；随时拣一支合适的唱唱，也足可消愁解闷。若没有完全合适的，尽可删一些、改一些，到称意为止。流行的歌谣中往往不同的词句并行不悖，就是为此。可也有经过众人修饰，成为定本的。歌谣真可说是"一人的机锋，多人的智慧"了[②]。

----

① 《吕氏春秋·古乐》。
② 英美吉特生《英国民歌论说》。译文据周作人《自己的园地·歌谣》章。

歌谣可分为徒歌和乐歌。徒歌是随口唱，乐歌是随着乐器唱。徒歌也有节奏，手舞脚蹈便是帮助节奏的；可是乐歌的节奏更规律化些。乐器在中国似乎早就有了，《礼记》里说的土鼓、土槌儿、芦管儿①，也许是我们乐器的老祖宗。到了《诗经》时代，有了琴瑟钟鼓，已是洋洋大观了。歌谣的节奏最主要的靠重叠或叫复沓；本来歌谣以表情为主，只要翻来覆去将情表到了家就成，用不着费话。重叠可以说原是歌谣的生命，节奏也便建立在这上头。字数的均齐，韵脚的调协，似乎是后来发展出来的。有了这些，重叠才在诗歌里失去主要的地位。

有了文字以后，才有人将那些歌谣记录下来，便是最初的写的诗了。但记录的人似乎并不是因为欣赏的缘故，更不是因为研究的缘故。他们大概是些乐工，乐工的职务是奏乐和唱歌；唱歌得有词儿，一面是口头传授，一面也就有了唱本儿。歌谣便是这么写下来的。我们知道春秋时的乐工就和后世阔人家的戏班子一样，老板叫作太师。那时各国都养着一班乐工，各国使臣来往，宴会时都得奏乐唱歌。太师们不但得搜集本国乐歌，还得搜集别国乐歌。不但搜集乐词，还得搜集乐谱。那时的社会有贵族与平民两级。太师们是伺候贵族的，所搜集的歌儿自然得合贵族们的口味；平民的作品是不会入选的。他们搜得的歌谣，有些是乐歌，有些是徒歌。徒歌得合乐才好用。合乐的时候，往往得增加重叠的字句或章节，便不能保存歌词的原来样子。除了这种搜

---

① "土鼓""土槌儿（蒉桴）"见《礼运》和《明堂位》，"芦管儿（苇籥）"见《明堂位》。

集的歌谣以外，太师们所保存的还有贵族们为了特种事情，如祭祖、宴客、房屋落成、出兵、打猎等等作的诗。这些可以说是典礼的诗。又有讽谏、颂美等等的献诗；献诗是臣下作了献给君上，准备让乐工唱给君上听的，可以说是政治的诗。太师们保存下这些唱本儿，带着乐谱；唱词儿共有三百多篇，当时通称作"诗三百"。到了战国时代，贵族渐渐衰落，平民渐渐抬头，新乐代替了古乐，职业的乐工纷纷散走。乐谱就此亡失，但是还有三百来篇唱词儿流传下来，便是后来的《诗经》了。①

"诗言志"是一句古话；"诗"（訨）这个字就是"言""志"两个字合成的。但古代所谓"言志"和现在所谓"抒情"并不一样；那"志"总是关联着政治或教化的。春秋时通行赋诗。在外交的宴会里，各国使臣往往得点一篇诗或几篇诗叫乐工唱。这很像现在的请客点戏，不同处是所点的诗句必加上政治的意味。这可以表示这国对那国或这人对那人的愿望、感谢、责难等等，都从诗篇里断章取义。断章取义是不管上下文的意义，只将一章中一两句拉出来，就当前的环境，作政治的暗示。如《左传》襄公二十七年，郑伯宴晋使赵孟于垂陇，赵孟请大家赋诗，他想看看大家的"志"。子太叔赋的是《野有蔓草》。原诗首章云："野有蔓草，零露溥兮。有美一人，清扬婉兮。邂逅相遇，适我愿兮。"子太叔只取末两句，借以表示郑国欢迎赵孟的意思；上文他就不管。全诗原是男女私情之作，他更不管了。可是这样办

---

① 今《诗经》共三百十一篇，其中六篇有目无诗，实存三百零五篇。

正是"诗言志"；在那回宴会里，赵孟就和子太叔说了"诗以言志"这句话。

到了孔子时代，赋诗的事已经不行了，孔子却采取了断章取义的办法，用《诗》来讨论做学问、做人的道理。"如切如磋，如琢如磨"①，本来说的是治玉，他却将玉比人，用来教训学生做学问的工夫②。"巧笑倩兮，美目盼兮，素以为绚兮"③，本来说的是美人，所谓天生丽质。他却拉出末句来比方作画，说先有白底子，才会有画，是一步步进展的；作画还是比方，他说的是文化，人先是朴野的，后来才进展了文化——文化必须修养而得，并不是与生俱来的④。他如此解诗，所以说"思无邪"一句话可以包括"诗三百"的道理⑤；又说诗可以鼓舞人，联合人，增加阅历，以泄牢骚，事父事君的道理都在里面⑥。孔子以后，"诗三百"成为儒家的"六经"之一，《庄子》和《荀子》里都说到"诗言志"，那个"志"便指教化而言。

但春秋时列国的赋诗只是用诗，并非解诗；那时诗的主要作用还在乐歌，因乐歌而加以借用，不过是一种方便罢了。至于诗篇本来的意义，那时原很明白，用不着讨论。到了孔子时代，诗

---

① 《卫风·淇澳》的句子。
② 《论语·学而》。
③ "巧笑倩兮，美目盼兮"，《卫风·硕人》的句子；"素以为绚兮"一句今已佚。
④ 《论语·八佾》。
⑤ "思无邪"，《鲁颂·駉》的句子；"思"是语词，无义。
⑥ 《论语·阳货》。

已经不常歌唱了，诗篇本来的意义，经过了多年的借用，也渐渐含糊了。他就按着借用的办法，根据他教授学生的需要，断章取义地来解释那些诗篇。后来解释《诗经》的儒生都跟着他的脚步走。最有权威的毛氏《诗传》和郑玄《诗笺》差不多全是断章取义，甚至断句取义——断句取义是在一句两句里拉出一个两个字来发挥，比起断章取义，真是变本加厉了。

毛氏有两个人：一个毛亨，汉时鲁国人，人称为"大毛公"；一个毛苌，赵国人，人称为"小毛公"。是大毛公创始《诗经》的注解，传给小毛公，在小毛公手里完成的。郑玄是东汉人，他是专给《毛传》作《笺》的，有时也采取别家的解说；不过别家的解说在原则上也还和毛氏一鼻孔出气，他们都是以史证诗。他们接受了孔子"无邪"的见解，又摘取了孟子的"知人论世"①的见解，以为用孔子的诗的哲学，别裁古代的史说，拿来证明那些诗篇是什么时代作的，为什么事作的，便是孟子所谓"以意逆志"②。其实孟子所谓"以意逆志"倒是说要看全篇大意，不可拘泥在字句上，与他们不同。他们这样猜出来的作诗人的志，自然不会与作诗人相合；但那种志倒是关联着政治教化而与"诗言志"一语相合的。这样的以史证诗的思想，最先具体地表现在《诗序》里。

《诗序》有《大序》《小序》。《大序》好像总论，托名子

① 见《孟子·万章》。
② 见《孟子·万章》。

夏，说不定是谁作的。《小序》每篇一条，大约是大、小毛公作的。以史证诗，似乎是《小序》的专门任务；传里虽也偶然提及，却总以训诂为主，不过所选取的字义，意在助成序说，无形中有个一定方向罢了。可是《小序》也还是泛说的多，确指的少。到了郑玄，才更详密地发展了这个条理。他按着《诗经》中的国别和篇次，系统地附合史料，编成了《诗谱》，差不多给每篇诗确定了时代；《笺》中也更多地发挥了作为各篇诗的背景的历史。以史证诗，在他手里算是集大成了。

《大序》说明诗的教化作用；这种作用似乎建立在风、雅、颂、赋、比、兴，所谓"六义"上。《大序》只解释了风、雅、颂。说风是风化（感化）、讽刺的意思，雅是正的意思，颂是形容盛德的意思。这都是按着教化作用解释的。照近人的研究，这三个字大概都从音乐得名。风是各地方的乐调，《国风》便是各国土乐的意思。雅就是"乌"字，似乎描写这种乐的呜呜之音。雅也就是"夏"字，古代乐章叫作"夏"的很多，也许原是地名或族名。雅又分《大雅》《小雅》，大约也是乐调不同的缘故。颂就是"容"字，容就是"样子"；这种乐连歌带舞，舞就有种种样子了。风、雅、颂之外，其实还该有个"南"。南是南音或南调，《诗经》中《周南》《召南》的诗，原是相当于现在河南、湖北一带地方的歌谣。《国风》旧有十五，分出二南，还剩十三；而其中邶、鄘两国的诗，现经考定，都是卫诗，那么只有十一《国风》[①]了。

---

① 卫、王、郑、齐、魏、唐、秦、陈、桧、曹、豳。

颂有《周颂》《鲁颂》《商颂》，《商颂》经考定实是《宋颂》。至于搜集的歌谣，大概是在二南、《国风》和《小雅》里。

赋、比、兴的意义，说数最多。大约这三个名字原都含有政治和教化的意味。赋本是唱诗给人听，但在《大序》里，也许是"直铺陈今之政教善恶"①的意思。比、兴都是《大序》所谓"主文而谲谏"；不直陈而用譬喻叫"主文"，委婉讽刺叫"谲谏"。说的人无罪，听的人却可警诫自己。《诗经》里许多譬喻就在比、兴的看法下，断章断句地硬派作政教的意义了。比、兴都是政教的譬喻，但在诗篇发端的叫作兴。《毛传》只在有兴的地方标出，不标赋、比；想来赋义是易见的，比、兴虽都是曲折成义，但兴在发端，往往关系全诗，比较更重要些，所以便特别标出了。《毛传》标出的兴诗，共一百十六篇，《国风》中最多，《小雅》第二；按现在说，这两部分搜集的歌谣多，所以譬喻的句子也便多了。

[**参考资料**]

顾颉刚《〈诗经〉在春秋战国间的地位》（《古史辨》第三册下）。

顾颉刚《论〈诗经〉所录全为乐歌》（同上）。

朱自清《言志说》（《语言与文学》）。

朱自清《赋比兴说》（《清华学报》十二卷三期）。

---

① 《周礼·大师》郑玄注。

人民的诗人——屈原 闻一多

古今没有第二个诗人像屈原那样曾经被人民热爱的。我说"曾经"，因为今天过着端午节的中国人民，知道屈原这样一个人的实在太少，而知道《离骚》这篇文章的更有限。但这并不妨碍屈原是一个人民的诗人。我们也不否认端午这个节日，远在屈原出世以前，已经存在，而它变为屈原的纪念日，又远在屈原死去以后。也许正因如此，才足以证明屈原是一个真正的人民诗人。惟其端午是一个古老的节日，"和中国人民同样古老"，足见它和中国人民的生活如何不可分离，惟其中国人民愿意把他们这样一个重要的节日转让给屈原，足见屈原的人格，在他们生活中，起着如何重大的作用。也惟其远在屈原死后，中国人民还要把他的名字嵌进一个原来与他无关的节日里，才足见人民的生活里，是如何不能缺少他。端午是一个人民的节日，屈原与端午的结合，便证明了过去屈原是与人民结合着的，也保证了未来屈原与人民还要永远结合着。

是什么使得屈原成为人民的屈原呢？

第一，说来奇怪，屈原是楚王的同姓，却不是一个贵族。战国是一个封建阶级大大混乱的时期，在这混乱中，屈原从封建贵族阶级，早被打落下来，变成一个作为宫廷弄臣的卑贱的伶官，所以，官爵尽管很高，生活尽管和王公们很贴近，他，屈原，依然和人民一样，是在王公们脚下被践踏着的一个。这样，首先在身份上，屈原是属于广大人民群众的。

第二，屈原最主要的作品——《离骚》的形式，是人民的艺术形式，"一篇题材和秦始皇命博士所唱的《仙真人诗》一样的歌舞剧"。虽则它可能是在宫廷中演出的。至于他的次要的作品——《九歌》，是民歌，那更是明显，而为历来多数的评论家所公认的。

第三，在内容上，《离骚》"怨恨怀王，讥刺椒兰"，无情地暴露了统治阶层的罪行，严正地宣判了他们的罪状，这对于当时那在水深火热中敢怒而不敢言的人民，是一个安慰，也是一个兴奋。用人民的形式，喊出了人民的愤怒，《离骚》的成功不仅是艺术的，而且是政治的，不，它的政治的成功，甚至超过了艺术的成功，因为人民是最富于正义感的。

但，第四，最使屈原成为人民热爱与崇敬的对象的，是他的"行义"，不是他的"文采"。如果对于当时那在暴风雨前窒息得奄奄待毙的楚国人民，屈原的《离骚》唤醒了他们的反抗情绪，那么，屈原的死，更把那反抗情绪提高到爆炸的边沿，只等秦国的大军一来，就用那溃退和叛变的方式，来向他们万恶的统治者，实行报复性的反击。（楚亡于农民革命，不亡于秦兵，而楚国农民的革命性的优良传统，在此后陈胜、吴广对秦政府的那一着上，表现得尤其清楚。）历史决定了暴风雨的时代必然要来到，屈原一再地给这时代执行了"催生"的任务，屈原的言、行，无一不是与人民相配合的，虽则也许是不自觉的。有人说他的死是"匹夫匹妇自经于沟壑"，对极了，匹夫匹妇的作风，不正是人民革命的方式吗？

以上各条件，若缺少了一件，屈原便不能成为真正的人民诗人。尽管陶渊明歌颂过农村，农民不要他；李太白歌颂过酒肆，小市民不要他：因为他们既不属于人民，也不是为着人民的。杜甫是真心为着人民的，然而人民听不懂他的话。屈原虽没写人民的生活，诉人民的痛苦，然而实质等于领导了一次人民革命，替人民报了一次仇。屈原是中国历史上惟一有充分条件称为人民诗人的人。

《古诗十九首》释（节选）　朱自清

　　诗是精粹的语言。因为是"精粹的"，便比散文需要更多的思索、更多的吟味；许多人觉得诗难懂，便是为此。但诗究竟是"语言"，并没有真的神秘；语言，包括说的和写的，是可以分析的；诗也是可以分析的。只有分析，才可以得到透彻的了解；散文如此，诗也如此。有时分析起来还是不懂，那是分析得还不够细密，或者是知识不够、材料不足；并不是分析这个方法不成。这些情形，不论文言文、白话文、文言诗、白话诗，都是一样，不过在一般不大熟悉文言的青年人，文言文，特别是文言诗，也许更难懂些罢了。

　　我们设《诗文选读》这一栏，便是要分析古典和现代文学的重要作品，帮助青年诸君的了解，引起他们的兴趣，更注意的是要养成他们分析的态度。只有能分析的人，才能切实欣赏；欣赏是在透彻的了解里。一般的意见将欣赏和了解分成两橛，实在是不妥的。没有透彻的了解，就欣赏起来，那欣赏也许会驴唇不对马嘴，至多也只是模糊影响。一般人以为诗只能综合地欣赏，一分析诗就没有了。其实诗是最错综的、最多义的，非得细密的分析功夫，不能捉住它的意旨。若是囫囵吞枣地读去，所得着的怕只是声调、辞藻等一枝一节，整个儿的诗会从你的口头、眼下滑过去。

本文选了《古诗十九首》作对象，有两个缘由。一来《十九首》可以说是我们最古的五言诗，是我们诗的古典之一。所谓"温柔敦厚""怨而不怒"的作风，《三百篇》之外，《十九首》是最重要的代表。直到六朝，五言诗都以这一类古诗为标准，而从六朝以来的诗论，还都以这一类诗为正宗。《十九首》影响之大，从此可知。

二来《十九首》既是诗的古典，说解的人也就很多。古诗原来很不少，梁代昭明太子（萧统）的《文选》里却只选了这十九首。《文选》成了古典，《十九首》也就成了古典；《十九首》以外，古诗流传到后世的，也就有限了。唐代李善和"五臣"给《文选》作注，当然也注了《十九首》。嗣后历代都有说解《十九首》的，但除了《文选》注家和元代刘履的《选诗补注》，整套作解的似乎没有。清代笺注之学很盛，独立说解《十九首》的很多。近人隋树森先生编有《古诗十九首集释》一书（中华书局版），搜罗历来《十九首》的整套的解释，大致完备，很可参看。

这些说解，算李善的最为谨慎、切实；虽然他释"事"的地方多，释"义"的地方少。"事"是诗中引用的古事和成辞，普通称为"典故"。"义"是作诗的意思或意旨，就是我们日常说话里的"用意"。有些人反对典故，认为诗贵自然，辛辛苦苦注出诗里的典故，只表明诗句是有"来历"的，作者是渊博的，并不能增加诗的价值。另有些人也反对典故，却认为太麻烦、太琐碎，反足为欣赏之累。

可是，诗是精粹的语言，暗示是它的生命。暗示得从比喻和组织上做功夫，利用读者联想的力量。组织得简约紧凑，似乎断了，实在连着。比喻或用古事成辞，或用眼前景物；典故其实是比喻的一类。这首诗、那首诗可以不用典故，但是整个儿的诗是离不开典故的。旧诗如此，新诗也如此，不过新诗爱用外国典故罢了。要透彻地了解诗，在许多时候，非先弄明白诗里的典故不可。陶渊明的诗，总该算"自然"了，但他用的典故并不少。从前人只囫囵读过，直到近人古直先生的《陶靖节诗笺定本》，才细细地注明。我们因此增加了对于陶诗的了解，虽然我们对于古先生所解释的许多篇陶诗的意旨并不敢苟同。李善注《十九首》的好处，在他所引的"事"都跟原诗的文义和背景切合，帮助我们的了解很大。

别家说解，大都重在意旨。有些是根据原诗的文义和背景，却忽略了典故，因此不免望文生义，模糊影响。有些并不根据全篇的文义、典故、背景，却只断章取义，让"比兴"的信念支配一切。所谓"比兴"的信念，是认为作诗必关教化；凡男女私情、相思离别的作品，必有寄托的意旨——不是"臣不得于君"，便是"士不遇知己"。这些人似乎觉得相思、离别等私情不值得作诗，作诗和读诗必须能见其大。但是原作里却往往不见其大处。于是，他们便抓住一句两句，甚至一词两词，曲解起来，发挥开去，好凑合那个传统的信念。这不但不切合原作，并且常常不能自圆其说，只算是无中生有，驴唇不对马嘴罢了。

据近人的考证，《十九首》大概作于东汉末年，是建安（献帝）诗的前驱。李善就说过，诗里的地名像"宛""洛""上东门"，都可以见出有一部分是东汉人作的，但他还相信其中有西汉诗。历来认为《十九首》里有西汉诗，只有一个重要的证据，便是第七首里"玉衡指孟冬"一句话。李善说，这是汉初的历法。后来人都信他的话，同时也就信《十九首》中一部分是西汉诗。不过李善这条注并不确切可靠，俞平伯先生有过详细讨论，载在《清华学报》里。我们现在相信这句诗还是用的夏历。此外，梁启超先生的意见，《十九首》作风如此相同，不会分开在相隔几百年的两个时代。（《中国之美文及其历史》）徐中舒先生也说，东汉中叶，文人的五言诗还是很幼稚的；西汉若已有《十九首》那样成熟的作品，怎么会有这种现象呢！（《古诗十九首考》，《国立中山大学语言历史学研究所周刊》六十五期）

《十九首》没有作者，但并不是民间的作品，而是文人仿乐府作的诗。乐府原是入乐的歌谣，盛行于西汉。到东汉时，文人仿作乐府辞的极多；现存的乐府古辞，也大都是东汉的。仿作乐府，最初大约是依原调、用原题；后来便有只用原题的。再后便有不依原调、不用原题，只取乐府原意作五言诗的了。这种作品，文人化的程度虽然已经很高，题材可还是民间的，如人生不常、及时行乐、离别、相思、客愁等。这时代作诗人的个性还见不出，而每首诗的作者，也并不限于一个人；所以没有主名可指。《十九首》就是这类诗，诗中常用典故，正是文人的色彩。但典故并不妨害《十九首》的"自然"，因为这类诗究竟是民间味，而且只是浑括的抒叙，还没到精细描写的地步，所以就觉得"自然"了。

诗人陶潜 罗庸

明人喜将屈原赋与陶渊明诗合为一集，谓之屈陶合刻，用意颇深。盖陶之诗确足代表其人格，非建安以来"绮丽不足珍"之作风可比。通常论文学史者每喜单论个人，以为自某人之出，则其时代文风为之丕变，其实不然。个人特殊天才莫不由其历史背景所形成，历史之力量实远较个人为大。《荀子·天论》篇之所谓"势"是也。一势而出，必尽其势而后已。文自建安以来即已渐变，人恒以为东汉之文风至此而灭，实则仅是暂时之掩盖，至西晋东晋下逮盛唐之复古运动，其潜势力仍是东汉文风之余脉。故一作家转变文风之力量仅占百分之一，而历史之势力则占百分之九十九。故认识作家必先识其共相，然后乃识其别象。吾人兹论渊明之出现，当不能不推源乎陈留阮氏。

渊明之学源出阮氏其证有十：（1）任真自得。如尝出为州祭酒，少日自解归。又尝求为彭泽令，每以葛巾漉酒。（2）慷慨有志。《拟古》九首中"少时壮且厉"一首及《咏荆轲》可为佐证。（3）至性。发于骨肉之间者，如《祭程氏妹文》《祭从弟敬远文》《与子俨等疏》可证。（4）好老庄。（5）耽酒。（6）嗜音，如蓄无弦琴之事。（7）遗世，如不慕荣利，忘怀得失。（8）简默，如闲静少言。（9）韬晦。（10）默识，如好读书，不求甚解。

其同于嗣宗者三：（1）儒学。（2）能诗。（3）易代之感。其不同于阮氏者二：（1）力耕自足。（2）隐居求志。

通常论陶常有二问题聚讼不绝，其一为思想究竟为儒家或道家，其二为思想是否前有所承。今而观之，其行为、思想实直承嵇阮一派，观上述十证可知，与何、王之名士作风迥然不相类。

自党锢之祸以后，建安以来文人不傍权门生活者盖寡，往往有因此而进退维谷者。渊明鉴于此点，乃躬耕自食，虽不得饱，亦自得其乐，绝不为人所蓄，其出处似效两汉之儒生耕读生活。然时代既非两汉，故又不能法乎先秦之隐君子若长沮、桀溺者流，此其思想接近道家之因由也。

渊明之文学受阮派影响甚深，如阮有《大人先生传》，陶亦作《五柳先生传》；阮有《戒子书》，陶亦有《与子俨等疏》；阮有《咏怀》八十二首，中多隐晦之章句，陶亦有《拟古》九首、《饮酒》二十首，风格与阮相同。又其《闲情赋》盖颇类乎阮瑀之《止欲赋》，当是早年之习作，故知其文学根源实直承阮氏一家之风格者。

关于渊明年谱亦为多年聚讼之问题。自宋以来迄于现代，陶之年谱凡七八种，以梁任公、古层冰二氏之作为较普遍。年谱之推前挪后，对于作品之解释颇有影响。梁萧统作《陶渊明传》称卒年六十三岁，颜延之《陶征士诔》亦尔，然陶诗各有干支，持与年谱相照颇不相合，故后人有妄改干支者。现代人之意见在缩短陶之卒年，古氏以为卒于五十七岁，梁氏则以为卒于五十四岁，其言似多不近情理者。吾人以为凡大家之作必有所寄托，非徒作空言，此不能不求之于身世也。其次，凡大家自其幼年之作以迄成熟，排比观之，则可见其进步之痕迹。吾人承认旧说六十三岁之说法，按旧说渊明当生于晋哀帝兴宁三年乙丑（365年），渊明《祭程氏妹文》称母卒时妹年九岁，陶年十二，而又《怨诗楚调示庞主簿邓治中》诗中有"弱冠逢世阻"句，年谱家每以为是陶家遭水灾之故，实则不然。今而考之，当其弱冠之龄正符秦入寇之时，由太元四年（379年）到七年，襄阳为秦所据，次年而有淝水之战，渊明适年十九，故云"弱冠逢世阻"，当指符秦屡次入寇言。又陶母为孟嘉第四女，孟为襄阳太守，家于湖北，并未移徙，由上句考之，渊明是否长于孟家或江西故乡，虽不可知，然其外祖家在襄阳，符秦入寇对陶不无关系，因有《桃花源记》之作，称晋太原中之年号，良有以也。文中所谓秦或系统隐射符秦。又桃源所在，一称在蜀西，一称在湖南，故有"南阳刘子骥"之句。刘为豫州人，往蜀西避乱，颇有可能，惟武陵一地名不可解，或谓是晚年所改作，其《咏荆轲》当亦作于此时。

史称渊明二十九岁以前未尝出仕，卅七岁始躬耕。但依其诗考之，为吏实在躬耕之后，此中遂有矛盾。如《癸卯岁始春怀古（故）田舍》及《癸卯十二月中作与从弟敬远》，此癸卯年颇有问题。时渊明年已卅九岁，中有句云："在昔闻南亩，当年竟未践。"

故"癸"当作"辛"，时为太元十六年辛卯，渊明年二十七岁，《怀古田舍》当是搬家之后作。今假定陶家在渊明廿七岁前当在九江或南昌城内，此故田舍原为旧庄，由此可证廿七岁以前渊明并未躬耕，又据《劝农》诗纯是庄主口吻，故可推定廿七岁到廿九岁间当为庄主之农也。廿九岁出为州祭酒，少日自解归，乃行躬耕，故其少年之田园诗与晚年之作实有不同，盖一为庄主，一为自耕农故也。如《怀古田舍》诗及《祭从弟敬远文》非廿七岁作，则余诗颇不可解，故"癸卯"当以"辛卯"为是。前此生活颇为丰富，远异乎晚境之贫困，《劝农》诗或作于此时。廿九岁起为州祭酒，此年代各方面考之均甚相合，三十岁为太元十九年（394年），有悼亡之变。自廿九至卅五岁间，事迹多不可考。自隆安三年己亥（399年），年卅五岁，孙恩陷会稽，威震江左，故刘牢之征之，渊明时在刘军中。四年，年卅六岁，始作镇军参军，而有《始作镇军参军经曲阿作》，《饮酒》诗中所谓"在昔曾远游"句亦指此从征之事。庚子岁五月中，从都还，阻风规林。旧谱家对参军至彭泽解归时代之踪迹不甚明了，今考之如下：在江陵死者为其父，《祭程氏妹文》称母死为一母亲，《阻风》诗之称母则为又一母亲，五年辛丑，年卅七岁，孙恩寇丹徒，下江大震，故推想陶之徙江陵即在此时，且时在初夏。但渊明尚在刘军中，其弟兄或有留江州守故宅者，惟程氏妹伴父移居外祖家。《辛丑岁七月赴假还江陵夜行涂口》诗，梁氏考证，以为此时陶挈晋主之令以谕桓玄者，颇难解通，诗中有云："如何舍此去，遥遥至南荆。"吾人假定渊明在江陵有故居，而早年长于江州，及遭孙恩之乱，乃还江陵旧居，故诗云云，方为可解。此后二年而其父卒。自卅七岁以后，陶在江陵未动，则有数诗之地点发生问题：《饮酒》诗二十首当作于江陵闲居时，元兴二年癸卯（403年），年卅九岁，《饮酒》中有句云："行行向不惑，淹留遂无成。"按其总序考之，此诗当为一组，为零碎集成之作，与其杂诗不同。又《饮酒》二十首以前之诗，少有及酒者，可知其好酒，晚年甚于早岁。元兴三年，年四十岁，有《荣木》诗、《连雨独饮》诗。义熙元年乙巳（405年），四十一岁，有《乙巳岁三月为建威参军使都经钱溪》诗。八月起为彭泽令，在官八十余日，赋《归去来兮辞》。人传其去官，乃耻向督邮折腰之故，而按《归去来兮辞·序》考之，实为奔程氏妹丧而自求免职者也。然则归于何处，旧说乃认为归江州作，而按《归去来兮辞·序》推之，当以归江陵为是，盖意在奔丧故也。但在武昌亦未住多时。义熙二年春，年四十二，复返于九江（江州），如此则《还旧居》诗乃可讲通。句云："畴昔家上京，六载去还归。今日始复来，恻怆多所悲。""上京"或云九江小地名，或云"上荆"，其说不一。按"六载"，是指孙恩之乱时而言，则"上荆"当在江陵，如指"上京"在九江栗里附近，则此诗与《归园田居》为同时之作，不可解，当是于江陵治丧毕，还归乱后故里江州，时村落、相识皆有巨变，故与别久复来而深自感慨也。至四十四岁夏，遭火灾，乃别徙南村以居焉。

《归园田居》当是归于昔日与从弟敬远躬耕之地，句云："开荒南野际，守拙归园田。"盖遭火灾而荒凉者也。至云"榆柳荫后檐，桃李罗堂前"，则新宅当筑于春日可知。义熙五年己酉

（409年），四十五岁，作《移居》二首，同年九月，有《己酉岁九月九日》诗。六年庚戌，岁九月中有《于西田获早稻》诗，据此犹可见其尚未躬耕。七年，有《祭从弟敬远文》，追忆旧日田园生活，乃在二十九岁之前者。又有《与殷晋安别》诗。八年，有《杂诗》十二首及《示周掾祖谢》（一作《示周续之祖企谢景夷三郎》）诗。又二年，渊明正五十岁，适慧远结白莲社于庐山，邀陶入社，未往。其《与子俨等疏》近人多以为渊明遗嘱，但吾人不必看得太板滞，立遗嘱后不必即死；而此疏作于五十以后，且多疾病，则可断言。义熙十二年（416年）有《丙辰岁八月中于下潠田舍获》诗，句云："曰余作此来，三四星火颓。"自此推之，其躬耕年岁当在四十七八岁时，其躬耕技能亦不甚佳。十三年，五十三岁，有《赠羊长史》诗，是年东晋将刘裕攻入长安，羊长史乃为使去长安劳军者。渊明极为叹羡，盖以羸疾不能随羊北上以观中原之风也。萧统《陶渊明传》云"躬耕自资，遂抱羸疾"，指此。十四年，五十四岁，有《怨诗楚调示庞主簿邓治中》，述生活之困窘，极为可伤。又有《九日闲居》诗，述酒不可得，种菊自娱而已。十五年，五十五岁，王弘为江州刺史，欲见之，辞焉。后以庞参军之介绍，置酒庐山，渊明以疾不能行，其子及门生以篮舆送之往。宋武帝永初元年庚申（420年），年五十六，作《述酒》诗、《拟古》九首，多感慨之音，盖易代后之哀吟也。《述酒》诗为哀零陵王作，《拟古》九首，为答其友辈之作也。此后不复有作。至将死前作《自祭文》及挽歌诗三首，是为绝笔。自五十五岁迄于卒日仅二事可言：一为颜延之来访，一为檀道济来访，赠金不受，置于酒家，使供酒无使缺焉。就以上所论，吾人乃承认渊明卒于元嘉四年，享年六十有三之说法。

就其作品考之，早年之作，诗不甚炼，愈晚愈炼，此与其修养成正比，较通常所论，以为中年用功颇深，而晚归于平淡者不同。

再就诗人进步之历程而论渊明之造诣，则明人将屈陶合刻极有见地。工部亦有评陶诗之作，可代表唐人意见，诗人之异于常人者，以其不失其赤子之心。人当幼龄，其心莫不为赤子之天真，及其涉世既久，渐为物欲所牵，乃堕落随俗矣。诗人既存天真之气，故处世多所变故，结果遂至出世而逃避现实，或不能如此，则复入世，再碰壁而自绝，此屈原之境界也。渊明则进而处于出世入世之间，寻一地以自娱，自存其小国寡民思想，但较孔子之无入而不自得又不及矣。求之八代中，惟武侯可与媲美，故详论之。

谢灵运与颜延之 罗庸

文学史中有一重要事实，即后人所注重之某时代之某作家，往往在当时不一定为人所重视，有如长江大河，一泻千里，有数岩石遗存江中，偶为好事者所发现，传闻于世，遂为多人所注意。南朝文士如陶潜，在当时并不为人注意，江文通虽有拟作，亦复粗率不堪；钟氏《诗品》竟置陶诗于中品，可知其在当世人眼中之地位。唐代人心目中之陶诗价值，读老杜之《遣兴》绝句可知，亦不甚以渊明为意。至东坡出，特标榜之，而渊明之诗地位始著。其次，文人对举，多后世人所造，在当时未必如此。惟此处对举数人，则系按当时人之眼光列排者。

此处将颜、谢并举，乃齐梁人一般之看法。《宋书·谢灵运传》论："爰逮宋氏，颜、谢腾声。灵运之兴会标举，延年之体裁明密，并方轨前秀，垂范后昆。"东晋之文学内容简单极矣，士大夫偏好老庄，笔下征引，无非道家之言，再变而仅书个人感情而已，以致平淡乏刺激性。至灵运而一大变：第一，引书极博，经史子书无不汇于笔端；其次，能造新意境，故称曰"兴会标举"。颜之体裁明密，亦对东晋文体散漫而言。颜起而矫正之。

《诗品·序》云："谢客为元嘉之雄，颜延年为辅。"钟氏尝分建安以来之文坛风气为三段：建安以子建为主，余子辅之；西晋以士衡为主，余子为辅；以下即颜、谢焉。《南史·颜氏传》亦与谢并称，故今二人对举。

谢灵运

晋太元十年乙酉（385年）生，宋元嘉十年癸酉（433年）卒，年四十九。就身世言，颜、谢相反，颜为寒士出身，谢为世家子弟。谢为人极端狂妄，其诗中见个性者极少，而时人对其品行竟放下不谈，是为风气之大变，事详《宋书》卷六十七、《南史》卷十九本传。时人对谢评论有数条可见《诗品·上品·宋临川太守谢灵运》："其源出于陈思，杂有景阳之体，故尚巧似，而逸荡过之，颇以繁富为累。"吾人今论谢诗有数点可言：（1）建安时代，子建独创风格，努力将个人学问、修养、胸怀放入诗中，此谢与子建相似处；惟子建诗多少带有乐府味，故流荡可诵，而灵运以去乐府远，故声调近涩，此其异点。（2）自西晋以来，文人之诗多写得四平八稳，如士衡之诗是，故称灵运近于景阳，此灵运大努力处，良非偶然，惟以离乐府日远，无轨可循，安章颇不易，不得已而直起直接，故谢诗往往有不宛转处。梁简文帝《与湘东王书》："谢客吐言天拔，出于自然，时有不拘，是其糟粕……是为学谢，则不届其精华，但得其冗长。"此论谢文之言，影响自唐以后，谢文渐不为世所重，佚散遂多。大谢读书多，意思足，乃有一泻汪洋之势。人无其才学，徒力效之，故仅得糟粕焉耳，简文之言最为允当。《南齐书》卷五十二《文学传》论："今之文章，作者虽众，总而为论，略有三体。一则启心闲绎，托辞华旷，虽存巧绮，终致迂回，宜登公宴，本非准的。而疏慢阐缓，膏肓之病，典正可采，酷不入情。此体之源，出灵运而成也。"《南齐书·高祖本纪》载《遗诸子书》谓"康乐疏宕，不便首尾"，此谢之大病，然亦律诗完成之伏胎。

颜延之

晋太元九年甲申（384年）生，宋孝建三年丙申（456年）卒，年七十三。《宋书》卷七十三、《南史》卷三十四本传。

《南史》本传："延之与陈郡谢灵运俱以辞采齐名，而迟速悬绝。文帝尝各敕拟《乐府·北上篇》，延之受诏便成，灵运久之乃就。延之尝问鲍照己与灵运优劣，照曰：'谢五言如初发芙蓉，自然可爱；君诗若铺锦列绣，亦雕缋满眼。'延之每薄汤惠休诗，谓人曰：'惠休制作，委巷中歌谣耳，方当误后生。'是时议者以延之、灵运自潘岳、陆机之后，文士莫及，江右称潘、陆，江左称颜、谢焉。"

两晋之间，门阀大盛，平民出身之文士实甚少。东晋之末，平民文士始渐萌芽，至梁而大盛。颜、谢对称，颜乃代表平民，谢则代表贵族。颜少孤贫，三十而不能娶，至刘宋始为人荐为光禄大夫。盖当时平民之知名，非特殊学力不能到也；而士大夫子弟，仗门阀之势，稍有本领便足名家，鲍照之于谢朓犹是耳。鲍明远评二家得失，以谢诗尚自然，时有清新之作，颜则以书卷工夫为佳，故对惠休最为贱视。

《诗品·中品·宋光禄大夫颜延之》："其源出于陆机。尚巧似。体裁绮密，情喻渊深。动无虚散，一字一句，皆致意焉。又喜用古事，弥见拘束，虽乖秀逸，是经纶文雅才。雅才减若人，则蹈于困踬矣。汤惠休曰：'谢诗如芙蓉出水，颜诗如错彩镂金。'颜终身病之。"

《诗品·序》曰："观古今胜语，多非补假，皆有直寻。颜延、谢庄，尤为繁密，于时化之。故大明、泰始中，文章殆同书抄。"

今以文学史眼光评骘二家：以影响言之，颜不如谢，其势至中唐不绝。凡文学须经长久培养乃臻上品，西晋以来，乐府衰谢，文人自五言诗中独抒己见，而有寻章摘句之作，潘、陆之成功在此。至东晋尚玄谈，诗中理胜乎辞，至其末，人多病其枯燥，力求典雅，乃上溯西晋，而有颜、谢之出。颜除多用古典外无多创格，谢则文质并用。故自六朝人风云月露眼光评之，以为推陈出新，颜固逊谢远矣。

鲍照与谢朓 罗庸

鲍照

晋义熙七年辛亥（411年）顷生，宋泰始二年丙午（466年）卒，年五十余。

事详虞炎《鲍照集序》，《宋书》卷五十一《临川烈武王道规传》，《南史》卷十三《临川烈武王道规传》。

鲍照出身不甚明悉，史书所称其乡里各不相同。初耕于东海，后以能作乐府知名，后从军，曾作《河清颂》，死于乱军中，齐梁之际，照名颇大，《南齐书》卷五十二《文学传》论："今之文章，作者虽众，总而为论，略有三体……次则发唱惊挺，操调险急，雕藻淫艳，倾炫心魂。亦犹五色之有红紫，八音之有郑、卫。斯鲍照之余烈也。"《诗品·中品·宋参军鲍照》："其源出于二张。善制形状写物之词，得景阳之俶诡，含茂先之靡嫚；骨节强于谢混，驱迈疾于颜延，总四家而擅美，跨两代而孤出。嗟其才秀人微，故取湮当代。然贵尚巧似，不避危仄，颇伤清雅之调。故言险俗者，多以附照。"晋宋之际，文士作文虽长短不同，然皆发语谨慎，少事夸张。独明远异趣，语必夸大其词，所作《芜城赋》即其例也。照又以乐府著称，晋陆士衡虽多乐府之作，然多摹仿两汉。五言乐府既衰，民间有七言小调，明远起自平民，独辟新径，故超然独出。运用入赋，则成《芜城赋》体，七言之变为新体，实自照始。

谢朓

宋大明八年甲辰（464年）生，齐永元元年己卯（499年）卒，年卅六。

事详《南史》卷十九、《南齐书》卷四十七本传。

《诗品·中品·齐吏部谢朓》中："其源出于谢混。微伤细密，颇在不伦。一章之中，自有玉石。然奇章秀句，往往警遒。足使叔源失步，明远变色。善自发诗端，而末篇多踬，此意锐而才弱也。至为后进士子之所嗟慕。朓极与余论诗，感激顿挫过其文。"梁简文帝《与湘东王书》："至如近世谢朓、沈约之诗，任昉、陆倕之笔，斯实文章之冠冕，述作之楷模。"《诗品·序》："次有轻薄之徒，笑曹、刘为古拙，谓鲍照羲皇上人，谢朓今古独步。而师鲍照，终不及'日中市朝满'；学谢朓，劣得'黄鸟度青枝'。徒自弃于高明，无涉于文流矣。"

自刘宋初迄陈末，阳夏谢氏出文士不少。重要者有谢混、谢灵运、谢朓三人。而谢氏一家文风之首倡者为谢混，变东晋平淡之文风为感兴之作。渡江之初，江南山水于士大夫稍有刺激，则出诸玄语，后东晋末，此种意趣亦尽，故谢混从而变之。混于子侄中最赏灵运，灵运于昆弟间尤爱玄晖。小谢长于谢氏文风之家，词更清巧，极为当世所称，盖多清新感兴之故也。沈约尝称"二百年来无此作矣"。建安以来，诗之起调高者，惟子建、明远、玄晖三人耳。惟玄晖意锐才弱，其诗往往于篇末多踬，推原其因，当是灵运为五言诗进为新诗之过渡人物，在旧调未破、新型未成时，往往未能自解。玄晖虽较彼略有进步，然结句仍不能如后人之有力，此文学之背景使然也。《诗品》所引鲍照诗句原出鲍照《代结客少年场行》："日中市朝满，车马若川流。"本极平常，原出《古诗十九首》。其次出虞炎《玉阶怨》："紫藤拂花树，黄鸟度青枝。"亦不甚工，轻薄者并此亦不及，故为钟氏所讥。

总论四人，颜为结束以前之文学，影响后世不大；而鲍照与灵运、玄晖则开清新之路，下迄唐代，影响至深。至李、杜更为显著，杜诗一部分出自灵运，固勿论已；而太白屡称明远、玄晖，是亦不无师承关系在也。

《文心雕龙·明诗》篇："宋初文咏，体有因革，老庄告退，而山水方滋。丽采百字之偶，争价一字之奇；情必极貌以写物，辞必穷力而追新。此近世之所竞也。"又《通变》篇："今才颖之士，刻意学文，多略汉篇，师范宋集；虽古今备阅，然近附而远疏矣。"

此二段材料，可见当时文风及《文心雕龙》作者所表现不满之态度，其实吾人可以二点说明之：（1）诗乐分野，其韵渐衰，建安文士迄汉乐府未远，故风骨弥高。后古乐已失，人无从学建安风格以此，而明远从民间乐中摄制新调，又成诗乐合体之作，故人特好之。（2）离乐之诗，其发展必向清新、兴会之路，此两谢之所以戛戛独造也。明此四人之源流，则齐梁文风大致可了然也。

诗的唐朝 闻一多

一般人爱说唐诗，我却要讲"诗唐"。诗唐者，诗的唐朝也。懂得了诗的唐朝，才能欣赏唐朝的诗。

所谓诗的唐朝，理由是：

（一）好诗多在唐朝；

（二）诗的形式和内容的变化到唐朝达到了极点；

（三）唐诗的体裁不仅是一代人的风格，实包括古今中外的各种诗体；

（四）从唐诗分支出后来新的散文和小说等文体。

最后一条需要略加说明：唐代早期某些散文，如王勃的《滕王阁序》、李白的《春夜宴桃李园序》等，原来只是作为集体写诗的说明书而存在，是附属于诗的散文，到中唐便发展成独立的一体，可说是由诗衍化出来的抒情散文，它形成了所谓八大家式的古文，显然是受了唐诗影响而别具一格。又如唐代考试有行卷的风气，当时举子为了显示自己能诗的本领，往往在考前有意利用故事的形式把诗杂在里面，预先向主考官们亮出一手，希望借此得到重视，取得选拔机会，这就产生了大量的传奇小说。其他如新兴的词体，不用说更是从唐诗的主流中直接分流出去的。

"诗唐"的另一涵义，也可解释成唐人的生活是诗的生活，或者说他们的诗是生活化了的。

什么叫诗化的生活或生活化了的诗呢？唐人作诗之普遍可说是空前绝后，凡生活中用到文字的地方，他们一律用诗的形式来写，达到任何事物无不可以入诗的程度。至于像时光的迁流、生命的暂促，本是诗歌常写的主题，而唐代的政治中心又在北方，旧陵古墓，触目皆是，特别是在兵戈初息，或战乱未已的年代里，更容易触动诗人发思古之幽情，因而产生了中晚唐最多最好的怀古诗，这些都可说是生活诗化或诗的生活化的历史事实。但如果一个人的思想感情老是逗留在这种高远的诗境中，精神过度紧张，久了将会发狂，所以有时不免降低诗境，俯就现实，造成一些庸俗的滥调，像张打油那一类的打油诗便产生出来了。再说唐人把整个精力消耗在作诗上面，影响后代知识分子除了写诗百无一能，他们自然要负一定的责任。不过他们当时那样作，也是社会背景造成的，因为诗的教育被政府大力提倡，知识分子想要由进士及第登上仕途，必要的起码条件是能作诗，作诗几乎成了惟一的生活出路，你怎能责怪他们那样拼命写诗呢？可是，国家的政治却因此倒了大霉！

我曾经就中国文学史的分期问题，作了个尚待修正的假定，唐诗的特点和发展变化的原因可以从这里得到解释。试用一表来加以说明：

时代划分		作者成分	起讫年	历年总计
古代		封建贵族及土豪贵族	周成王时至汉建安五年（前1063年至200年）	约1300年
近代	前期	士人	汉建安五年至唐天宝十四载（200年至755年）	555年
	后期	士人	唐天宝十四载至民国九年（755年至1920年）	1165年

把建安作为文学史古代和近代的分水岭，理由是在这时期以前，文学作者多半茫然无考，打曹氏父子以后，我们才能够见作品就知道作者了。其次，普通讲文学史的人，大半以个人为中心来划分文学时代，似乎不很恰当。我以为要划分文学史时代，应高瞻远瞩，从当时社会的情况跟作者的关系方面去研究那个时代作者的同异所在，然后求出一个共同的特点来，作为时代的标志，因为任何天才都不能不受他的社会环境的支配。

曹魏时代，在政治上有所谓九品中正制度的建立，作为选拔人才的标准，到了东晋，便发展成为严格的门阀制度，流弊所及，使贵族盲目自大，生活堕落不堪。所以当李唐王朝重新统一天下之后，重修氏族谱，有意贬低固有门阀贵族的地位，他们的气焰才逐渐削弱，到了天宝之乱以前，已著相当成效。回顾这段时期（建安五年至天宝十四载）的诗，从作者的身份来说，几乎全属于门阀贵族，他们的诗，具有一种特殊的风格，被人们常称道的中国诗歌黄金时代的所谓"盛唐之音"，就是他们的最高成就。

东晋是门阀开始的时期，也是清谈极盛的时期。《世说新语》里所记的人物故事，可代表这时期诗的理想境界，也可以代表这时期诗人的品性，大、小谢（谢灵运、谢朓）便是这时期诗人的具体代表。杜甫提到鲍明远（照）时说"俊逸鲍参军"。所谓"俊逸"，就是一种如不羁之马的奔放风格，跟魏武帝（曹操）的乐府诗风格很相近，却与这时期一般诗人的风格大不相同，所以钟嵘在《诗品》中用"嗟其才秀人微"的断语把他列入中品，这里用的正是门阀诗人的尺度。在同一尺度下，被后人盛称的陶渊明诗也不能取得较高的评价，因为他那朴素无华的田园诗正是当时贵族们所不屑于写的。到了盛唐，这一时期诗的理想与风格乃完全成熟，我们可拿王维和他的同辈诗人作代表。当时殷璠编了一部《河岳英灵集》，算是采集了这一派作品的大成，他们的风格跟六朝是一脉相承的。在这段时期内，便是六朝第二流作家如颜延之之流，他们的作品内容也是十足反映出当时贵族的华贵生活。就在那种生活里，诗律、骈文、文艺批评、书、画等，才有可能相继或并时产生出来，要没有那时养尊处优的贵族生活条件，谁有那么多时间精力创造出那些丰富多彩的文艺作品！

天宝大乱以后，门阀贵族几乎消灭干净，杜甫所代表的另一时代的新诗风就从此开始。宋人杨亿曾讥笑杜甫是"村夫子"，恰好是把他的士人身份跟以前那些贵族作者形成了鲜明的对比。和杜甫同时而调子完全一致的元结编选过一部《箧中集》，里面的作品全带乡村气味，跟过去那些在月光下、梦境中写成的贵族作品风格完全两样。从这个系统发展下去，便是孟郊、韩愈、白居易、元稹等人的继起。他们的作风是以刻画清楚为主，不同于前人标举的什么"味外之味""一字千金"那一套玄妙的文学风格。这一派在宋代还在继续发展。要问这一批人为什么在作品中专爱谈正义、道德和惯于愤怒不平呢？原因是他们跟上一时期贵族作者的身份不同，他们都是平民出身，平民容易受人欺负，因此牢骚也多，这样，诗人的成分很自然地由贵族转变为士人了。其实，他们这种态度跟古代早期的贵族倒很接近，这是因为他们在性质上有着某些共同点。就是说早期的贵族，他们原是以武功起家，他们的地位是用自己的汗马功劳换来的，跟后来门阀时期的贵族子孙全靠祖宗牌子过活，一心追求享受不同。所以，他们多能慷慨悲歌，直到魏武帝（曹操）还保留着那一派余气，而唐代士人也同样，必须靠自己的文才去争取一官半职。他们同早期贵族一样本由平民出身，跟人民生活比较接近，因此他们能从自己的生活遭遇联想到整个民生疾苦。从这点来说，也可以解释杜甫的"三吏""三别"诸诗为什么会跟汉乐府近似，表现出一种清新质朴的健康风格。

在宋代诗人中，东坡（苏轼）的作风是和天宝之乱以前那一段时期相近，到了陆放翁便满纸村夫子气了。所以如果要学旧诗，学宋诗还有可能发挥的余地，学唐诗（天宝以前的那种所谓"盛唐之音"）显然是自走绝路，因为社会环境和生活方式已经完全改变。没有那种环境和生活条件，怎能写得出那种诗来呢？从这种新作风的时代开始以后，平民跟文学的关系一天比一天密切，小说就跟着发达起来。但过去那种豪华浪漫的贵族生活方式始终还被少数人所留恋，尽管平民文学的新风格已经出现，并且在日益壮大，可是部分诗人总不免要对它唱出情不自已的挽歌，像刘禹锡的"旧时王谢堂前燕，飞入寻常百姓家"、杜牧的"大抵南朝皆旷达，可怜东晋最风流"如此之类，真可说是无限低回、一往情深的了。然而黄金时代毕竟已成过去，像人死不能复生一样，于是温（庭筠）、李（商隐）便把诗的理想与风格换过，逐渐走上填词的道路，希望在内容和风格方面保存一点旧日贵族的风流余韵；但就成绩来看，只能算是偏安而已，何况词的产生还不是基本上从平民阶级那儿萌芽的吗？

总的说来，唐诗在天宝前后完全是两种迥然不同的风格面目，这是作者的身份和生活前后有了很大改变的缘故。从整个文学史来看，唐诗的确包括了六朝诗和宋诗，荟萃了几个时代的格调，兼收并蓄，发挥尽致，古今诗体，至此大备。根据上述这些情况，我们今后提到"诗的唐朝"或"唐诗是中国诗歌黄金时代的诗"，将不会再有空洞或浮夸的感觉了吧。

陈子昂 闻一多

　　子昂的诗古今独步，几乎众口一词，无人否认，这道理值得研究。

　　子昂的诗可分为三类：

　　（一）《感遇》三十八首及其同类的诗；

　　（二）"酬晖上人"诸作；

　　（三）近体诗。

　　史称子昂诗"变雅正"，究嫌笼统。"酬晖上人"诸作无一首不佳，甚为可怪。当时写古体诗的名手有魏徵、薛稷、贺朝、薛奇童、包融等，可见当时写古体诗是一般风气，并非子昂一人特出。他重要的贡献在写了像《感遇》这一类的诗，虽然在前有王绩，在后有张九龄，但所写都不及他，即使是太白也难和他相比。我曾说过，中国的伟大诗人可举三位做代表：一是庄子，一是阮籍，一是陈子昂。因为他们的诗都含有深邃的哲理。子昂的好友卢藏用曾有诗句赞他说"陈生富清理"，给他集子作序时也曾说："至于感激顿挫，微显阐幽，庶几见变化之朕，以接乎天人之际者，则《感遇》之篇存焉。"都指出了这一特点。他的《感遇》诗第六首说：

玄感非象识，谁能测沉冥？

世人拘目见，酣酒笑丹经。

······

　　他认为"玄感"是直觉，无形象可见，而世人妄加讥笑，这才可笑，所以他的《感遇》诗的重心，就在这个"玄感"。那首有名的《登幽州台歌》：

前不见古人，后不见来者。

念天地之悠悠，独怆然而涕下。

更是显著的例子。在人生万象中，谁都有感慨，子昂的感慨独高人一层，原因是他人的感慨都是由个人出发而联想到时空大无穷极，而子昂能忘记小我，所见为纯粹的真理，但又不是纯客观的。像寒山子、王梵志之流变成危言耸听的预言家，唱的是幸灾乐祸的讽刺调子。寒山子唱的是：

城中蛾眉女，珠珮何珊珊。

鹦鹉花前弄，琵琶月下弹。

长歌三月响，短舞万人看。

未必长如此，芙蓉不耐寒！

　　王梵志也唱着：

世无百岁人，强作千年调。

打铁作门限，鬼见拍手笑。

城外土馒头，馅草在城里。

一人吃一个，莫嫌没滋味。

这种态度多么冷酷！他们的作品是对人生彻悟以后的境界，是纯客观的表现；至于太白则已经是全部解脱，更显出超然世外的旁观态度；只有陈子昂的诗取得中和，既有关切的凝思，又能做严肃的正视。

关于时间的境界，子昂近于庄子；空间的境界，从他的"邹子何寥廓，漫说九瀛垂"两句诗推测，当近于邹衍。孔子对时间的观念，见于《论语》所记"子在川上曰：逝者如斯夫，不舍昼夜"的慨叹。对空间的观念则从《孟子》"登东山而小鲁，登泰山而小天下"的记载可以见出。子昂融合了先秦诸子这些有关时空的境界，遂产生寂寞之感，在他诗里屡次提到"孤寂"的情绪，非常动人。看来他的诗里除了宇宙意识之外，还具有社会意识，因而饱含着悲天悯人的深意。这一特点，在《感遇》诗中表现不少，像第二十二首的"云海方荡潏，孤鳞安得宁"，第二十五首的"群物从大化，孤英将奈何"，第三十八首的"溟海皆震荡，孤凤其如何"。原来诗人心中，他的悲愁寂寞是来自整个世界，这种意识和感慨是多么伟大呵！所以说，"孤独"该是诗人最高的特性，这种孤独境界有时是自来的，如《感遇》诗第二十首所写的"一绳将何系，忧醉不能持"。

有时诗人又故意去找孤独境界，如他另一首诗所写的："松竹生虚白，阶庭横古今。"诗人在这里似乎又感到孤独的乐趣，因而每当孤独的时候，也竟是最宜于作诗的良好机会。他的《度荆门望楚》诗中"今日狂歌客，谁知入楚来"两句仍然由孤独境界产生，不过把孤独之意放在言外罢了，表现了一种孤怀情境；这孤怀，也是由玄感而来。可见子昂是把庄子、邹衍的时空境界诗化了，遂自成一家的风格。卢照邻的《赠李荣道士》"风摇十洲影，日乱九江文"，想象亦高。李长吉的《梦天》："黄尘清水三山下，更变千年如走马。遥望齐州九点烟，一泓海水杯中泻。"前两句写的是时间感慨，而后两句写的又是空间，境界虽高，缺点是太画面，久之将变成幻想的游戏。反之，阮嗣宗的诗又太不够画面，惟有子昂得乎其中，能具有玄感，并能把由玄感所生的孤怀化成诗句，因此能跟庄子、阮籍成为三座并立的诗坛高峰。但在高空待得太久，岂不产生"高处不胜寒"之感？所以比较来说，太白是高而不宽，杜甫是宽而不高，惟有子昂兼有两家之长，因此能成就一个既有寥廓宇宙意识，又有人生情调的大诗人。因为站得高，所以悲天；因为看得远，所以悯人。拿这个眼光去读子昂的《感遇》诗，一定能领略其中三昧。总之，子昂的诗，是超乎形象之美，通过精神之变，深与人生契合，境界所以高绝。

要问陈子昂诗的境界与风格是怎样产生的，就得向中国历史和他本人的家世去找原因，进行分析。

自从孔子在河边说出"逝者如斯夫，不舍昼夜"两句哲言以后，中国后代诗歌在感慨时序方面便有了发展的基础。上面讲过，中国诗在感兴和玄感的水准上，以庄子、阮籍、陈子昂三人最高，但他们都是其来有自，并非凭空出现。子昂比起庄子、阮籍来是诗趣胜于哲理，这是历史背景不同的缘故。《世说新语》记述桓温在琅琊对早年所种柳树发抒感慨，曾说过"木犹如此，人何以堪"的话，便成了唐初诗人感叹节物改换诗境的共同来源；而子昂独从"玄感"下笔，摆脱陈套，所以独高，这正是历史背景作成他的。何以到他手里会有这个转变呢？从性格和生活态度来看，子昂和太白极近，用先秦学派思想来衡量他，可说是属于纵横家兼道家，太白平生景仰的不是那位战国的鲁仲连吗？

齐有倜傥生，鲁连特高妙。

……

吾亦澹荡人，拂衣可同调。(《古风》)

因而他常想能用超人的力量为人排难解纷，进而至于求仙超世，既重功名，又尚清远。子昂和太白同出生在西蜀，受了当地风气的影响，所以形成与众不同的诗风。

子昂家庭是梓州射洪的豪族，他的四世祖兄弟二人在那儿开辟土地，兴创了家业，地位有点像后来的土司，原不是朝廷任命，到梁武帝时才"改土归流"，拜为太守，这就是他的家世。他后来自撰族谱，跟东汉的陈寔相接，不一定可靠。由此可见子昂是长于夷族的汉裔，他父亲曾为乡里判讼，所以他本人也带有几分山区穷乡的土气。他到长安去见武后，最初颇受轻视，武后用"柔野"这个词儿讥笑他，交谈后发现他的长处，才授了官职。他在家乡，十八岁还未读书，天天跟一批赌徒混着，有一次闯进乡校，受到刺激，便回家闭门发愤，之后就入京参加考试。相传他初到长安，为了制造自我表现的机会，故意在闹市用高价购买胡琴引人注意，并约集众人到客舍看他表演，到时候却突然把胡琴击碎，把自己才学抱负表述一番，然后拿所作分赠观众，从此声名大噪。故事虽不一定可信，但由他过去的性格推测，也不是毫无可能，这正是纵横家的本色。武后虽然一度赏识过他，终于不能重用，大概是因为他直言敢谏的这个倔强性格。赵儋在《陈公旌德碑》中说他："封章屡抗，矢陈刑辟。匪君伊顺，惟鳞是逆。"便是明证。从他存诗的材料考查，他曾两次从军，一次是讨突厥，另一次是从武攸宜讨契丹，后一次曾见史书。子昂在出征中见武连败，便上书自请将一万人出击，不许，再度申请，话说得比较戆直，攸宜生气把他降为掌记室，由是深感抑郁，写下了有名的《登幽州台歌》。次年即退职还乡，父死不久，他也被人诬陷，冤死狱中。

从他自请将兵这件事，可见出他早年的赌徒性格，喜欢冒险，是十足的纵横家面目。在诗中，他也常表现功成身退的幻想，这和太白是一致的。有一次住在洛阳，客店主人轻慢了他，他愤而作诗表现自己的怀抱，曾以蔺相如完璧归赵的故事自许。《感遇》诗第十一首也提到"吾爱鬼谷子"的话，其中有：

囊括经世道，遗身在白云。

　　……

　　浮荣不足贵，导养晦时文。

　　舒可弥宇宙，卷之不盈分。

这样几句，充分表现出他那种纵横家的事业雄心和隐者功成身退的避世幻想。他又在《赠赵六贞固》第二首的诗中写道：

　　道心固微密，神用无留连。

　　舒可弥宇宙，揽之不盈拳。

最后两句连同前作两次用到，可见这是他自抒胸臆的得意之笔，由此显出子昂性格之一般。还有他在《赠别冀侍御崔司议》诗序中写过"嗟乎！子昂岂敢负古人哉"的话，个性之强，不难想见，土气也表现得十足了。又如：

　　少学纵横术，游楚复游燕。（《赠严仓曹乞推命录》）

　　纵横策已弃，寂寞道为家。（《卧病家园》）

　　雨雪颜容改，纵横才位孤。（《答韩使同在边》）

　　纵横未得意，寂寞寡相迎。（《还至张掖古城闻东军告捷赠韦五虚己》）

这些诗句，更是作为纵横家坦率的自我表白。

说到道家气质，可说是他的家风。子昂在他父亲的墓志铭——《我府君有周居士文林郎陈公墓志文》中，曾提到六世祖方庆得墨子五行秘书、白虎七变法，遂隐于郡武东山。卢藏用《陈氏别传》说他父亲"饵地骨，炼云膏四十余年"，他自己在《观荆玉篇》序文中也谈到"予家世好服食，昔常饵之"。所以他在随乔知之北征突厥，见张掖河有仙人杖，以为是益寿珍品，喜而食之，并向人宣传吹嘘。有懂得药物知识的告诉他，说这只是一种普通植物，并非什么仙药灵丹，使他大为扫兴，遂写《观荆玉篇》作为解嘲。可见他的好道实受家风影响。他的家庭的确是一个充满道教气味的家庭，便是读书环境也同样影响着他。陈子昂的家乡射洪在涪江边岸，诗人杜甫曾去探访过，作有《冬到金华山观因得故拾遗陈公学堂遗迹》一诗，前四句云：

> 涪右众山内，金华紫崔嵬。
> 上有蔚蓝天，垂光抱琼台。

此处本一道观，是梁武帝为陈勋修建的，观后有空屋，即子昂读书处。杜甫来游时，那间屋已破坏，因作诗相吊，故末四句云：

> 陈公读书堂，石柱灰青苔。
> 悲风为我起，激烈伤雄才。

后来鲜于叔明（赐姓李）来做东川节度使，在观后立碑，那便是上面提到的《陈公旌德碑》。由此可知子昂的家庭和读书环境，都使他终生笼罩着道家思想，在生活作风和诗境方面显得那么光怪陆离。

太白身世的前半跟子昂无异，陈寅恪先生曾做考证，说他具有胡人血统，所以生命力强，富于想象，既想成大事业，又想做神仙。但太白的毛病在极端浪漫，为了发泄他的生命力，有时往往不择手段，以致晚年发生从璘的附逆事件，想成为乱世英雄，而做了一些毫无意义的反动错事。他的诗固然写得好，而社会却受了他的大害。

前人对陈子昂的评论，主要有两说：一是宋祁《新唐书·陈子昂传》的考语："荐圭璧于房闼，以脂泽污漫之。"一是王渔洋（士禛）《香祖笔记》说："子昂五言诗，力变齐、梁，不须言。其表、序、碑、记等作，沿袭颓波，无可观者。第七卷《上大周受命颂表》一篇，《大周受命颂》四章……其辞诡诞不经……此与扬雄《剧秦美新》无异，殆又过之，其下笔时，不知世有节义廉耻事矣。子昂真无忌惮之小人哉！诗虽美，吾不欲观之矣。"但在他的《古诗选》的凡例中，仍做了公正评价云："夺魏晋之风骨，变梁、陈之俳优，陈伯玉之力最大。"这两家评论都重在论其人，因人而轻其诗。《四库提要》甚至评他"譬诸荡姬佚女，以色艺冠一世，而不可以礼法绳之者也"。只有后来陈沆作《诗比兴笺》，用独到眼光评解名家的诗，论到陈子昂《感遇》诗时，才特别写文替他辩解，极有见识。文云：

诚知仕吕、仕周，不同新室、安、史，则随例进贺之表，应制颂美之什，诸公亦岂能无？特一则功业掩文章，偶乏流传之什。一则文章掩忠义，翻遗玷颣（lèi）之端。然石淙山侍宴之诗，狄、姚与二张诸武并列；张燕公铭檄之作，孝明与天册金轮间称。此则今日尚存，亦不闻薰莸同器，燕、许殊科也。仲尼见楚越之君，亦必称之为王。惟《春秋》乃可书子，彼宋、狄诸公，当日语言文字，其敢直斥武士彟乎？今既不能议诸公之仕周，乃犹谓仕周而不当从其称谓，其亦舍本而齐末，许浴而禁裸已。

且夫同仕而异品，同迹而异心者，一辨诸忠佞之从违，二辨诸进退之廉躁。历考武后一朝，惟子昂谏疏屡见：武后欲淫刑，而子昂极陈酷吏之害；武后欲黩兵，而子昂极陈丧败之祸；武后欲歼灭唐宗，而子昂请抚慰宗室。甚至初仕而争山陵之西葬，冒死而讼宗人之冤狱。皆言所难言，如枘入凿。是以杜甫《过陈拾遗故宅》诗云："千古立忠义，《感遇》有遗篇。"其为党附不党附，可不言决矣。武后以官爵笼天下士，或片言取卿相，或四时历青紫。至于文学材艺，更所牢笼。沈、宋、杜、薛、阎、苏、二李，或参控鹤奉宸之职，或预三教珠英之修。其后神龙之初，并坐二张之党，子昂曾有一于此乎？释褐十载，不过拾遗；自托多病，不乐居职。笺牍则辄遭报罢，参军则累忤诸武。未及壮年，遽乞归养。父丧庐墓，哀动路人，至以侍从之臣，竟死县令之手。故杜甫诗又云："位下何足伤，所贵者圣贤。同游英俊人，多秉辅佐权。"其躁进不躁进，又可不言决矣。

陈沆这一辩解真算是为陈子昂雪了诬，可谓千古卓见。

子昂早年是赌徒，又奉道教，两者其实是合一的，因为道教所持颇有一种游戏人间的态度。不过拿他和太白比较，子昂还算稳重，这是由于一部分儒家思想使他的生活态度有所限制，所以在他的诗里，我们还可见到他某些悲伤沉痛的地方。拿哭来作比喻，太白之哭像婴儿，并没有什么真正的人生痛苦；子昂倒是像成年人的哭声，他诚然是有所激而发的，也就容易感人。

唐人作诗大半是为了社交应酬，常常是集体聚会赋诗，写完抄录在一起，前面必写一篇序文加以说明。有时这序文写得比诗还好，因为他们作诗有点像后代的行酒令，动机纯粹是游戏，所以佳作有限；而序文却没有形式的限制，可以自由发挥，便容易比诗写得精彩。韩愈最擅长作赠序一类文章，这就是他的历史背景。陈子昂是韩文的先驱者，也长于写这类序文，他常在散文中发抒悲凉感慨，这是他性格中的一种表现，和太白作风又有所不同。

从现在看到的龙门刻石，说明佛教在唐代也很盛行。陈子昂一部分消极诗篇可反映出这方面的思潮，似乎跟他本人多病有关系；而且纵横家易触霉头，自然更促进了他的消极思想。他跟晖上人的赠答诗，就属于这一类。晖上人当时住在附近的独坐山，跟子昂很接近。子昂的禅诗境界，在前近于谢灵运，在后近于韦苏州（应物），由此可看出晖上人对他的影响。

综合上面所说陈子昂的复杂思想，可以说纵横家给了他飞翔之力，道家给了他飞翔之术，儒家给了他顾尘之累，佛家给了他终归人世而又能妙赏自然之趣。

陈子昂《与东方左史虬修竹篇》曾说起他的复古之志："文章道弊五百年矣！汉魏风骨，晋宋莫传，然而文献有可征者。仆尝暇时观齐梁间诗，彩丽竞繁，而兴寄都绝，每以永叹。思古人，常恐逶迤颓靡，风雅不作，以耿耿也。"这也是他对文学所持的态度。他颇有志把诗的风格回复到建安、正始时代，《感遇》诗便是他这一复古志愿的具体实践和伟大成绩。正始作家阮籍、嵇康的诗是理过其辞，是逃避现实的伤感主义者，而建安诸子则社会色彩较著，子昂把两个时代的文学作风融合起来，成就所以独高。我们试加分析，发现他诗中的宇宙意识是来自正始，社会意识是来自建安，而与晖上人酬答诸诗，则达到向往自然的太康境界了。就诗的成就说，凡在他以前的文学遗产，几乎被他网罗殆尽，虽以齐梁文学之腐朽，到他手里也都化为神奇，他的近体诗正表现了这个特点，如《月夜有怀》一诗：

美人挟赵瑟，微月在西轩。
寂寞夜何久，殷勤玉指繁。
清光委衾枕，遥思属湘沅。
空帘隔星汉，犹梦感精魂。

用宫体诗而别具神韵，真有点铁成金之妙，可见他胸襟的宽广和技巧的高明。张九龄模仿他，面目非常相似，如《感遇》：

我有异乡忆，宛在云溶溶。

凭此目不觏，要之心所钟。

但欲附高鸟，安敢攀飞龙。

至精无感遇，悲惋填心胸。

归来扣寂寞，人愿天岂从？

也可算是独具只眼，自成一家的豪杰。

总之，陈子昂改造建安以来的文学遗产，作为盛唐的启门钥匙，这是他的伟大处。

王船山（夫之）对陈子昂的古风贬抑最厉害，说是"似诵狱词，五古自此而亡"。我却认为他这种非古又非诗的古诗作风，正是他独到而难得的创造。

拿王（维）、孟（浩然）和李（白）、杜（甫）比较，王、孟作风可算是齐梁的余音，在他们本身虽不大明显，传到大历十才子，那齐梁的面目就完全显露出来了。司空图替这一派制造理论，承他衣钵的在宋有严沧浪（羽），在清有王渔洋（士禛）。子昂是反齐梁作风最有力的人，所以渔洋很讨厌他，说了他许多坏话。渔洋编选的《唐贤三昧集》，不但不选子昂的诗，连李、杜也无只字，因为李、杜跟子昂正是一脉相承的。

陈子昂的《登幽州台歌》不仅有宇宙意识，而且有历史意识。卢藏用在《陈氏别传》中曾说到他有作《后史记》的愿望："尝恨国史芜杂，乃自汉孝武之后以迄于唐，为《后史记》，纲纪粗立，笔削未终，钟文林府君忧，其书中废。"书虽未成，由此可想见他的修养和气魄。我们如果拿研究文人太史公的眼光读子昂的诗，一定可以得到他的精华要义。

四杰 闻一多

　　继承北朝系统而立国的唐朝的最初五十年，本是一个尚质的时期，王、杨、卢、骆都是文章家，"四杰"这徽号，如果不是专为评文而设的，至少它的主要意义是指他们的赋和四六文。谈诗而称"四杰"，虽是很早的事，究竟只能算借用。是借用，就难免有"削足适履"和"挂一漏万"的毛病了。

　　按通常的了解，诗中的"四杰"是唐诗开创期中负起了时代使命的四位作家，他们都年少而才高，官小而名大，行为都相当浪漫，遭遇尤其悲惨（四人中三人死于非命）——因为行为浪漫，所以受尽了人间的唾骂；因为遭遇悲惨，所以也赢得了不少的同情。依这样一个概括，简明，也就是肤廓的了解，"四杰"这徽号是满可以适用的，但这也就是它的适用性的最大限度。超过了这限度，假如我们还问到：这四人集团中每个单元的个别情形和相互关系，尤其他们在唐诗发展的路线网里，究竟代表着哪一条或数条线和这线在网的整个体系中所担负的任务——假如问到这些方面，"四杰"这徽号的功用与适合性，马上就成问题了。因为诗中的"四杰"，并非一个单纯的、统一的宗派，而是一个大宗中包孕着两个小宗，而两小宗之间，同点恐怕还不如异点多；因之，在讨论问题时，"四杰"这名词所能给我们的方便，恐怕也不如纠葛多。数字是个很方便的东西，也是个很麻烦的东西。既在某一观点下凑成了一个数目，就不能由你在另一观点下随便拆开它。不能拆开，又不能废弃它，所以就麻烦了。"四杰"这徽号，我们不能，也不想废弃，可是我承认我是抱着"息事宁人"的苦衷来接受它的。

"四杰"无论在人的方面，或诗的方面，都天然形成两组或两派。先从人的方面讲起。

将四人的姓氏排成"王、杨、卢、骆"这特定的顺序，据说寓有品第文章的意义，这是我们熟知的事实。但除这人为的顺序外，好像还有一个自然的顺序，也常被人采用——那便是序齿的顺序。我们疑心张说《赠太尉裴公神道碑》"在选曹见骆宾王、卢照邻、王勃、杨炯"和郗云卿《骆丞集序》"与卢照邻、王勃、杨炯文词齐名"，乃至杜诗"纵使卢王操翰墨"等语中的顺序，都属于这一类。严格的序齿应该是卢、骆、王、杨，其间卢、骆一组，王、杨一组，前者比后者平均大了十岁的光景。然则卢、骆的顺序，在上揭张、郗二文里为什么都颠倒了呢？郗序是为了行文的方便，不用讲。张碑，我想是为了心理的缘故，因为骆与裴（行俭）交情特别深，为裴作碑，自然首先想起骆来。也许骆赴选曹本在先，所以裴也先见到他。果然如此，则先骆后卢，是采用了另一事实作标准。但无论依哪个标准说，要紧的还是在张、郗二文里，前二人（骆、卢）与后二人（王、杨）之间的一道鸿沟（即平均十岁左右的差别）依然存在。所以即使张碑完全用的另一事实——赴选的先后作为标准，我们依然可以说，王、杨赴选在卢、骆之后，也正说明了他们年龄小了许多。实在，卢、骆与王、杨简直可算作两辈子人。据《唐会要》卷八十二，显庆三年（658年），诏征太白山人孙思邈入京，卢照邻、宋令文、孟诜皆执师赍之礼。令文是宋之问的父亲，而之问是杨炯同僚的好友。卢与之问的父亲同辈，而杨与之问本人同辈，那么卢与杨岂不是不能同辈了吗？明白了这一层，杨炯所谓"愧在卢前，耻居王后"，便有了确解。杨年纪比卢小得多，名字反在卢前，有愧不敢当之感，所以说"愧在卢前"；反之，他与王多分是同年，名字在王后，说"耻居王后"，正是不甘心的意思。

比年龄的距离更重要的一点，便是性格的差异。在性格上，"四杰"也天然形成两种类型：卢、骆一类，王、杨一类。诚然，四人都是历史上著名的"浮躁浅露"不能"致远"的殷鉴，每人"丑行"的事例，都被谨慎地保存在史乘里了，这里也毋庸赘述。但所谓"浮躁浅露"者，也有程度深浅的不同。杨炯，据裴行俭说，比较"沉静"。其实王勃，除擅杀官奴那不幸事件外（杀奴在当时社会上并非一件太不平常的事），也不能算过分的"浮躁"。一个人在短短二十八年的生命里，已经完成了这样多方面的一大堆著述：《舟中纂序》五卷、《周易发挥》五卷、《次论语》十卷、《汉书指瑕》十卷、《大唐千岁历》若干卷、《黄帝八十一难经注》若干卷、《合论》十卷、《续文中子书序诗序》若干篇、《玄经传》若干卷、《文集》三十卷。

能够浮躁到哪里去呢？同王勃一样，杨炯也是文人而兼有学者倾向的，这满可以从他的《天文大象赋》和《驳孙茂道苏知几冤服议》中看出。由此看来，王、杨的性格确乎相近。相应地，卢、骆也同属于另一类型，一种在某项观点下真可目为"浮躁"的类型。久历边塞而屡次下狱的博徒革命家骆宾王不用讲了。看《穷鱼赋》和《狱中学骚体》，卢照邻也不像是一个安分的分子。骆宾王在《艳情代郭氏答卢照邻》里，便控告过他的薄幸。然而按骆宾王自己的口供："但使封侯龙额贵，讵随中妇凤楼寒？"他原也是在英雄气概的烟幕下实行薄幸而已。看《忆蜀地佳人》一类诗，他并没有少给自己制造薄幸的机会。在这类事上，卢、骆恐怕还是一丘之貉。最后，卢照邻那悲剧型的自杀和骆宾王的慷慨就义，不也还是一样？同是用不平凡的方式自动地结束了不平凡的一生，只是一悱恻，一悲壮，各有各的姿态罢了。

这几乎是不可避免的发展：由年龄的两辈和性格的两类型，到友谊的两个集团。果然，卢、骆二人交情，可凭骆的《艳情代郭氏答卢照邻》诗来坐实；而王、杨的契合，则有王的《秋日饯别序》和杨的《王勃集序》可证。反之，卢或骆与王或杨之间，就看不出这样紧凑的关系来。就现存各家集中所可考见的说，卢、王有两首同题分韵的诗，卢、杨有一首同题同韵的诗，可见他们两辈人确乎在文酒之会中常常见面。可是太深的交情，恐怕谈不到。他们绝少在作品里互相提到彼此的名字，有之，只杨在《王勃集序》中说到一次"薛令公朝右文宗，托末契而推一变；

卢照邻人间才杰，览清规而辍九攻"，这反足以证明卢、骆与王、杨属于两个壁垒，虽则是两个对立而仍不失为友军的壁垒。

于是，我们便可谈到他们——卢、骆与王、杨——另一方面的不同了。年龄的不同辈、性格的不同类型、友谊的不同集团和作风的不同派，这些不也正是一贯的现象吗？其实，不待知道"人"方面的不同，我们早就应该发觉"诗"方面的不同了。假如不受传统名词的蒙蔽，我们早就该惊讶，为什么还非维持这"四"字不可，而不仿"前七子""后七子"的例，称卢、骆为"前二杰"，王、杨为"后二杰"？难道那许多迹象，还不足以证明他们两派的不同吗？

首先，卢、骆擅长七言歌行，王、杨专工五律，这是两派选择形式的不同。当然卢、骆也作五律，甚至大部分篇什还是五律，而王、杨一派中至少王勃也有些歌行流传下来，但他们的长处绝不在这些方面。像卢集中的：

> 风摇十洲影，日乱九江文。（《赠李荣道士》）
> 川光摇水箭，山气上云梯。（《山庄休沐》）

和骆集中这样的发端：

> 故人无与晤，安步陟山椒。（《冬日野望》）

在那贫乏的时代，何尝不是些夺目的珍宝？无奈这些有句无章的篇什，除声调的成功外，还是没有超过齐梁的水准。骆比较有些"完璧"，如《在狱咏蝉》之类，可是又略无警策。同样，王的歌行，除《滕王阁歌》外，也毫不足观。便说《滕王阁歌》和他那典丽凝重与凄情流动的五律比起来，又算得了什么呢！

杜甫《戏为六绝句》第三首说："纵使卢王操翰墨，劣于汉魏近《风》《骚》。"这里是以卢代表卢、骆，王代表王、杨，大概不成问题。至于"劣于汉魏近《风》《骚》"，假如可以解作王、杨"劣于汉魏"，卢、骆"近《风》《骚》"，倒也有它的妙处。因为卢、骆那用赋的手法写成的粗线条的宫体诗，确乎是《风》《骚》的余响；而王、杨的五言，虽不及汉魏，却越过齐梁，直接上晋宋了。这未必是杜诗的原意，但我们不妨借它的启示来阐明一个真理。

卢、骆与王、杨选择形式不同，是由于他们两派的使命不同。卢、骆的歌行，是用铺张扬厉的赋法膨胀过了的乐府新曲，而乐府新曲又是宫体诗的一种新发展，所以卢、骆实际上是宫体诗的改造者。他们都曾经是两京和成都市中的轻薄子，他们的使命是以市井的放纵改造宫廷的堕落，以大胆代替羞怯，以自由代替局缩，所以他们的歌声需要大开大合的节奏，他们必须以赋为诗。正如宫体诗在卢、骆手里是由宫廷走到市井，五律到王、杨的时代是从台阁移至江山与塞漠。台阁上只有仪式的应制，有"绮句绘章，揣合低卬"。到了江山与塞漠，才有低回与怅惘、严肃与激昂，例如王的《别薛升华》《送杜少府之任蜀州》和杨的《从军行》《紫骝马》一类的抒情诗。抒情的形式，本无须太长，五言八句似乎恰到好处。前乎王、杨，尤其应制的作品，五言长律用得还相当多。这是该注意的！五言八句的五律，到王、杨才正式成为定型，同时完整的真正唐音的抒情诗也是这时才出现的。

将卢、骆与王、杨对照着看，真是一个说不尽的话题。我在旁处曾说明过从卢、骆到刘（希夷）、张（若虚）是一贯的发展，现在还要点醒，王、杨与沈、宋也是一脉相承。李商隐早无意地道着了秘密：

> 沈宋裁辞矜变律，王杨落笔得良朋。当时自谓宗师妙，今日惟观属对能。（《漫成五章》）

以沈、宋与王、杨并举，实在是最自然、最合理的看法。"律"之"变"，本来在王、杨手里已经完成了。而沈、宋也是"落笔得良朋"的妙手。并且我们已经提过，杨炯和宋之问是好朋友。如果我们再知道他们是好到如之问《祭杨盈川文》所说的那程度，我们便更能了然于王、杨与沈、宋所以是一脉相承之故。老实说，就奠定五律基础的观点看，王、杨与沈、宋未尝不可视为一个集团，因此也有资格承受"四杰"的徽号，而卢、骆与刘、张也同样有理由，在改良宫体诗的观点下，被称为另一组"四杰"。一定要墨守着先入为主的传统观点，只看见"王、杨、卢、骆"之为"四杰"，而抹煞了一切其他的观点，那只是拘泥、顽冥，甘心上传统名词的当罢了。

将卢、骆与王、杨分别地划归了刘、张与沈、宋两个集团后，再比较一下刘、张与沈、宋在唐诗中的地位，便也更能了解卢、骆与王、杨的地位了。五律无疑是唐诗最主要的形式，在那时人心目中，五律才是诗的正宗。沈、宋之被人推重，理由便在此。按时人安排的顺序，王、杨的名字列在卢、骆之上，也正因他们的贡献在五律，何况王、杨的五律是完全成熟了的五律，而卢、骆的歌行还不免于草率、粗俗的"轻薄为文"呢！论内在价值，当然王、杨比卢、骆高。然而，我们不要忘记卢、骆曾用以毒攻毒的手段，凭他们那新式宫体诗，一举摧毁了旧式的"江左余风"的宫体诗，因而给歌行芟除了芜秽，开出一条坦途来。若没有卢、骆，哪会有刘、张，哪会有《长恨歌》《琵琶行》《连昌宫词》和《秦妇吟》，甚至于李、杜、高、岑呢？看来，在文学史上，卢、骆的功绩并不亚于王、杨。后者是建设，前者是破坏，他们各有各的使命。负破坏使命的，本身就得牺牲，所以失败就是他们的成功。人们都以成败论事，我却愿向失败的英雄们多寄予点同情。

王维 浦江清

　　王维（701—759或761），王维卒年，《旧唐书》称乾元二年（759年），另一说为上元二年（761年）。待查。字摩诘，河东（今山西省）人。维摩诘是古印度的居士，未出家而信仰佛教者。译意则无垢称、净名。

　　王维，开元九年（721年）进士，擢第，调太乐丞。张九龄执政，擢右拾遗。《集异记》言维未冠，文章得名，妙能琵琶，岐王引至公主第，使为伶人，进新曲，号《郁轮袍》，并出所作，公主大奇之云云。唐代文人须由权贵进身，维亦不免如此。此为小说家言，未必可信。惟王维集中多有从岐王宴诗。迁监察御史，拜吏部郎中，天宝末为给事中。

　　安禄山陷两都，维为贼所得。《旧唐书》载，天宝末，维为官给事中，扈从不及，为贼所得，服药取痢，诈称瘖病。禄山素怜之，遣人迎至洛阳，拘于普施寺，迫以伪署。贼平，陷贼官三等定罪，维以《凝碧》诗闻于行在，肃宗特宥之，责授太子中允。时王维诈病被拘，禄山宴其徒于凝碧宫，其工皆梨园弟子、教坊工人，维闻之悲恻，潜为诗曰：

万户伤心生野烟，百僚何日再朝天？

秋槐叶落空宫里，凝碧池头奏管弦。

《全唐诗》录此诗，题云《菩提寺禁，裴迪来相看，说逆贼等凝碧池上作音乐，供奉人等举声便一时泪下，私成口号，诵示裴迪》。

除《凝碧》诗闻于行在之外，会其弟王缙时任宰相，请削官以赎兄罪，特宥之。

乾元中，迁中书舍人，复拜给事中，转尚书右丞，故后世称"王右丞"。

维工书画，亦知音乐，精通各种艺术。弟兄俱奉佛，居常蔬食，晚年长斋，不衣文彩。得宋之问蓝田别墅在辋川。与道友裴迪浮舟往来，弹琴赋诗。聚其田园所为诗，号《辋川集》。退朝之后，焚香独坐，以禅诵为事。妻亡不再娶。三十年孤居一室，屏绝尘累。乾元二年七月卒。

代宗时，其弟缙为宰相。代宗谓王缙曰："朕尝于诸王座闻维乐章，今传几何？"遣中人往取，缙哀集数百篇上之。

王维才高，奉和圣制诸诗，颇得台阁之体，而自放山水，又多清远之诗，究以山水诗为最佳。辋川题咏皆用五绝，音响尤佳。

王维诗最通俗知名者有《渭城曲》：

渭城朝雨浥轻尘，客舍青青柳色新。

劝君更尽一杯酒，西出阳关无故人。

此诗一题作《送元二使安西》，"柳色新"一作"杨柳春"。诗如白话。白居易《对酒》诗云："相逢且莫推辞醉，听唱阳关第四声。"白居易时盛行此歌，亦称《阳关曲》，后人续添为"阳关三叠"，为唐人送别诗之上乘，亦为千古送行绝唱。七绝于《渭城曲》外尚有《少年行》四首，亦佳。另一首诗《九月九日忆山东兄弟》亦很著名，亦明白如话：

> 独在异乡为异客，每逢佳节倍思亲。
>
> 遥知兄弟登高处，遍插茱萸少一人。

盛唐时七绝之体已很发达，如王昌龄、高适、王之涣等擅名，多以边塞为题材。维诗气象不大，而极自然。

七古亦有名篇，如《陇头吟》《老将行》《夷门歌》《燕支行》《桃源行》《洛阳女儿行》等。

五律如《观猎》（一作《猎骑》）：

> 风劲角弓鸣，将军猎渭城。
>
> 草枯鹰眼疾，雪尽马蹄轻。
>
> 忽过新丰市，还归细柳营。
>
> 回看射雕处，千里暮云平。

这是一首极佳之作，沈德潜《说诗晬语》评曰："王右丞'风劲角弓鸣'一篇，神完气足，章法句法字法，俱臻绝顶。"在王维诗作中，如此雄健风格的诗虽不多，但颇有特色，类似的还有五律《使至塞上》：

> 单车欲问边，属国过居延。
>
> 征蓬出汉塞，归雁入胡天。
>
> 大漠孤烟直，长河落日圆。
>
> 萧关逢候骑，都护在燕然。

"大漠孤烟直，长河落日圆。"大漠、长河、孤烟、落日，描尽大漠气象，"此种境界，可谓千古壮观"（王国维《人间词话》）。

七律如《积雨辋川庄作》写幽雅恬静的山居生活，"漠漠水田飞白鹭，阴阴夏木啭黄鹂"充满诗情画意。

王维五古写田园，学陶渊明；写山水，学谢灵运。其诗友有孟浩然、裴迪。裴迪并为道友。王维与胡居士来往，赠诗全谈佛理，亦奇格也。谢灵运以后，复见斯人！比谢灵运变本加厉。又有赠东岳焦炼师焦道士诗。其学陶如《偶然作》六首，又似阮。

王维诗别成一格者为其五言绝句，所谓《辋川集》诗题浏览胜景，同裴迪各有题咏者，可有二十首。王维诗如：

> 空山不见人，但闻人语响。
>
> 返景入深林，复照青苔上。（《鹿柴》）

独坐幽篁里，弹琴复长啸。

深林人不知，明月来相照。（《竹里馆》）

无嵇、阮之狂，而有嵇、阮之静。魏晋人风度。静境似禅，深于禅寂。格调很高。

王维之山水画，为文人画之祖，南宗。苏轼《书摩诘蓝田烟雨图》曰："味摩诘之诗，诗中有画；观摩诘之画，画中有诗。"

维善音乐，有识《霓裳羽衣图》之故事，见《旧唐书》。

为王维之友，以诗齐名者，有孟浩然，并称"王孟"。（裴迪有《辋川集》诗廿首等，诗少，不足成为大家。）

王昌龄 闻一多

　　从文学技巧说，王昌龄和孟浩然可以对举；从思想内容说，陈子昂和杜甫可以并提。昌龄、浩然虽无王摩诘、李太白之高，然个性最为显著。至于文字色彩的浓淡，则浩然走的是清淡之路，昌龄走的是浓密之路。

　　盛唐诗风的发展，乃做螺旋式的上升，由齐梁陈逐步回升到魏晋宋的古风时代。魏晋宋风格的代表可举陶渊明、谢灵运两大家，盛唐诗人中属于这类风格的代表作家当推孟浩然与王昌龄。这四个人，浩然可匹渊明——储光羲人多以为近陶，实则是新创境界，较摩诘去陶为远——昌龄则近大谢。大谢炼字工夫极深，但尚不能堆成七宝楼台，完成这一任务的只有王昌龄了。我们说浩然可匹渊明，只是说他近陶而已，而昌龄在汉字锻炼功夫上别开天地，比大谢成就更大。

　　诗之有社会意识，在内容方面开新天地者当推杜甫，后来的人想把社会意识和内容题材合铸而为一，做此尝试者有孟郊，然效果是失败的，可见诗境汇合之难。

　　昌龄的《长信秋词》云：

奉帚平明金殿开，且将团扇共徘徊。

玉颜不及寒鸦色，犹带昭阳日影来。

首句如工笔画，金碧辉煌，极为秾丽。次句用班婕妤故事，"团扇"二字括尽一首《怨歌行》意境，全首诗眼也就在"团扇"二字，整首诗因之而活。第三句中"玉颜""寒鸦"对举，黑白分明，白不如黑，幽怨自知。第四句中"日影"形象有暖意，更反映出冷宫的寂寞凄清。这种写法比起浩然的清淡，又是一种风格。昌龄诗给人的印象是点的，而浩然诗则是线的。此处"不及寒鸦色"虽是点的写法，尚有线索可寻，至李长吉（贺）则变得全无线索，那是另一新的境界。

中国诗是艺术的最高造诣，为西洋人所不及。法国有一名画家，曾发明用点作画，利用人远看的眼光把点连成线条，并由此产生颤动的感觉，使画景显得格外生动。在中国诗里同样有点的表现手法，不过像大谢的诗只有点而不能颤动，昌龄的诗则简直是有点而又能颤动了，至于李长吉的诗又似有脱节的毛病。我们读这类诗时也应掌握这个特点，分析要着重在点的部分，使人读起来自然地引起颤动的感觉。杜诗亦偶有此种作法，然而效果到底差些。像《长信秋词》这首诗，可说是王昌龄的独创风格，功绩不可磨灭。他本人诗中像这类作品也不多，略相似的有《听流人水调子》一诗：

孤舟微月对枫林，分付鸣筝与客心。

岭色千重万重雨，断弦收与泪痕深。

首句中"枫林"二字将《楚辞·招魂》意境全盘托出，次句是用乐音写流人的心境，三四两句是写将千重万重山雨收来眼底，化作泪泉，客心的酸楚便可在弦外领略了。诗中的几个名词，如"孤舟""微月""枫林""鸣筝""客心""岭色""万重雨""断弦""泪痕"等已够富于诗意，经过作者匠心加以连串，于是恰到好处，表现出一幅极为生动的诗境。长吉的诗往往忽略做这种连串的安排，因而产生脱节的毛病。

《芙蓉楼送辛渐》一诗也同具此妙：

寒雨连江夜入吴，平明送客楚山孤。
洛阳亲友如相问，一片冰心在玉壶。

前面三句是用线的写法，依层次串连下来，从夜晚写到天明，由眼前写到别后，末句用的又是点的表现手法了。"冰心在玉壶"本是从鲍明远（照）"清如玉壶冰"的句意化出，而能青出于蓝，连那个"如"字都给省掉，所以转胜原作。"冰心"是说心灰意冷，"玉壶"是说处身之洁，这七字写尽诗人的身世感慨。以壶比人，是昌龄新创的意境。凡用物比人，须取其不甚相似中的某一点相似，这样就会给人以更新、更深的印象。曾有一则以壶比人的笑话，说是几个朋友约会饮酒，各人自道酒量，一人说他饮十杯才醉，一人说他只要三杯足够，另一人说他见酒壶就醉。问起原因才知道他每次饮酒回家，常挨老婆臭骂，骂时她一手叉腰，一手指着老公鼻子，样子活像一把酒壶，他怎能不见了酒壶就醉呢！这笑话拿酒壶比作恶妇骂人的形象，是取其骂人的姿势相似，因而显得奇谲可笑。任何观念都是相对的，然后才能存在，骈文对仗，其妙在此。故用比喻当从反面下手，像抽水似的，要它上升，必向下压。

王昌龄的诗，在文学史上值得大书特书。唐代诗人的作品被当时人推为诗格者，只有王昌龄和贾岛二人。所以他别有绰号叫"诗家天子王江宁"，"天子"有的记载作"夫子"，实误。被人尊为"天子"或"夫子"，可见他作诗技巧的神奇高妙。

所谓抒情诗，不只是说言情之作而已，我以为正确的含义应该是诗中之诗，如张若虚的《春江花月夜》就是抒情诗最好的标本，而绝句又是抒情诗的最好形式。宋人解释绝句，以绝为截，是取截律诗的一半而成的新形式，但依诗歌发展的过程考证实不相符。唐人作诗因入乐关系，多用四句为一节奏，故虽是长篇古风亦可截用四句，如李峤七古《汾阴行》的末四句：

山川满目泪沾衣，富贵荣华能几时？
不见只今汾水上，惟有年年秋雁飞。

即被截入乐，当筵歌唱，说明绝句的产生是和律诗毫无关系。诗有佳句当自曹子建（植）开始，至唐而有"诗眼"之说，往往使用一字而全篇皆活，有人说这是诗的退化，倒也不尽然。唐代大家为求纯诗味的保存，特别重视形式精简而音乐性强的绝句体。就艺术言，唐诗造诣最高的作品，当推王昌龄、王之涣、李白诸人的七绝，杜甫远不能及，他的伟大处本不在此。从诗的整个发展来看，七绝当从七古发源，便是七律也是从七古蜕变而来，因而最高造诣的七律也以像七古的风格为佳，这也是崔颢《黄鹤楼》被人推为全唐七律压卷之作的原因。所以说，七绝当是诗的精华，诗中之诗，是唐诗发展的最高也是最后的形式。被人们欣赏的诗味更浓的词，也就是在绝句这个基础上结合其他的因素发展变化创新出来的。传统看法认为五律是唐诗的重要成就，我觉得还欠考虑。

李白与杜甫 浦江清

李白

李白（701—762），字太白。他的籍贯有几种说法：

（1）山东人。《旧唐书》："李白，字太白，山东人。……父为任城尉，因家焉。少与鲁中诸生孔巢父、韩沔、裴政、张叔明、陶沔等隐于徂徕山，酣歌纵酒，时号'竹溪六逸'。"（韩沔，《新唐书》作韩准，是。）杜甫《苏端薛复筵简薛华醉歌》："近来海内为长句，汝与山东李白好。"元微之论李、杜优劣径称白为山东人："是时山东人李白，亦以文奇取称。"

（2）陇西成纪人。李阳冰《李白〈草堂集〉序》云："陇西成纪人，凉武昭王暠九世孙，……世为显著。中叶非罪，谪居条支，易姓为名。……神龙之始，逃归于蜀。"（凉武昭王李暠，成纪人，晋隆安中据敦煌酒泉，自为凉工。）《新唐书》："兴圣皇帝九世孙，其先隋末以罪徙西域，神龙初，遁还，客巴西。……十岁通诗书，既长，隐岷山。"（《新唐书·本纪》：（高祖）陇西成纪人。）魏颢《李翰林集序》："白本陇西……因家于绵。身既生蜀……"白《与韩荆州书》自称"陇西布衣"。

（3）蜀人。魏颢《李翰林集序》："蜀之人，无闻则已，闻则杰出。"白"因家于绵，身既生蜀，则江山英秀"云云。《全蜀艺文志》载刘全白《唐故翰林学士李君碣记》谓："君名白，广汉人。"（广汉郡，属蜀。）唐范传正《李公新墓碑》："其先陇西成纪人。……难求谱牒。……得公之亡子伯禽手疏十数行……约而计之，凉武昭王九代孙也。隋末多难，一房被窜于碎叶，流离散落，隐易姓名，故自国朝以来，漏于属籍。神龙（中宗）初，潜还广汉，因侨为郡人。父客以逋其邑，遂以客为名。……公之生也，先府君指天枝以复姓。先夫人梦长庚而告祥。"一说生于昌明县青莲乡，故曰李青莲。

（4）西域人。陈寅恪《李白氏族之疑问》以白之先为碎叶人，胡人侨居于蜀。其父名客。李白生而托姓李氏，假托为帝之宗室。唐时此类之例颇多。（至于山东一说，或云其父为任城尉之说无稽。或云白自比谢安石，李阳冰《〈草堂集〉序》云："咏歌之际，屡称东山。"魏颢《李翰林集序》又云："间携昭阳金陵之妓，迹类谢康乐，世号李东山。"按：此言挟妓游山，比谢安，非康乐也，误。）山东李白，或为东山李白之误。（此说甚勉强，因白曾隐山东，为徂徕六逸之一。）

王世贞《宛委余编》谓："白本陇西人，产于蜀，流寓山东。"

恐籍贯陇西，从陇西迁至蜀，由蜀迁至山东，其父曾为任城尉，白生长于山东。陇西近外国，恐其祖罪徙至西域，其后回来。

天宝初，李白客游会稽，与道士吴筠同隐剡中。后筠被召至长安，李白亦偕至长安。白貌奇逸，有神仙风度。贺知章见其文，叹曰："子谪仙人也。"荐于玄宗。白与贺知章、李适之、汝阳王琎、崔宗之、苏晋、张旭、焦遂为"饮中八仙"。〔此事在天宝间，因白天宝初始供奉耳，但苏晋卒于开元二十二年（734年）。范传正《李公新墓碑》有裴周南而杜诗无裴，其名录有出入也。〕

帝召见于金銮殿，论当时事，白奏颂一篇，赐食，御手调羹。有诏供奉翰林。一日，帝坐沉香亭子，意有所感，欲得白为乐章，召入而白已醉，左右以水颒面，援笔成《清平调》三章，婉丽精切。杜诗所谓"李白一斗诗百篇，长安市上酒家眠。天子呼来不上船，自称臣是酒中仙"是也。尝侍帝，醉，使高力士脱靴，力士激杨贵妃中伤之。帝欲官白，妃辄阻止。（《新唐书》《旧唐书》互有详略。《新唐书》已采宋人乐史《李翰林别集序》大意，《旧唐书》无沉香亭子一节，但亦有使高力士脱靴事，未言高力士以此激杨贵妃，但因力士之怨被斥而已。）因忤高力士、杨贵妃，遂不为帝亲信。恳还山，帝赐金放还。

由是浪迹江湖，浮游四方，终日沉饮。与侍御史崔宗之月夜乘舟自采石至金陵。白衣宫锦袍，于舟中顾瞻笑傲，旁若无人。天宝末，安禄山反，转侧宿松、匡庐间，《庐山谣寄卢侍御虚舟》一诗写这种经历、见闻和感受。诗的前四句是："我本楚狂人，凤歌笑孔丘。手持绿玉杖，朝别黄鹤楼。"安史之乱，玄宗幸蜀。白依永王璘，辟为府僚佐。肃宗即位灵武，璘起兵逃还彭泽。璘败当诛，赖郭子仪力救（白曾救郭子仪，郭德之，力言赎罪。此处《新唐书》亦采宋人乐史《李翰林别集序》所说，《旧唐书》无），得诏流夜郎。会赦还浔阳，坐事下狱。宋若思释之，辟为参谋。未几辞职。李阳冰为当涂令，白依之。代宗立。以左拾遗召，而白已卒，年六十余。临卒以诗卷授阳冰，阳冰为序而行世。葬姑孰谢家青山东麓。元和末，宣歙观察使范传正祭其墓，见其二孙女，嫁为农夫之妻。因为立碑。

魏颢曰："白始娶于许，生一女一男，曰明月奴，女既嫁，而卒。又合于刘，刘诀。次合于鲁一妇人，生子曰颇黎，终娶于宋。（宋氏或即宗氏，盖其《窜夜郎于乌江留别宗十六璟》中有句云'我非东床人，令姊忝齐眉'。——章克材）间携昭阳金陵之妓，迹类谢康乐，世号为李东山。"

又李华《李白墓志》：卒"年六十有二。""有子曰伯禽。"范传正《李公新墓碑》亦云："亡子伯禽。"伯禽当是明月奴或颇黎中之一人。

《旧唐书》云："以饮酒过度，醉死于宣城，有文集二十卷，行于时。"（小说故事传李白醉中捞月死于水，恐非事实。）

裴敬"墓碑"云："死宣城，葬当涂青山下。"

李阳冰云："疾亟，草稿万卷，手集未修，枕上授简，俾余为序。"

魏颢序则言生前曾"尽出其文，命颢为集"。

乐史《李翰林别集序》则云：李阳冰纂李翰林歌诗"为《草堂集》十卷，史又别收歌诗十卷。……号曰《李翰林集》，今于

三馆中得李白赋、序、表、赞、书、颂等，亦排为十卷，号曰
《李翰林别集》。"

李白一生，少年任侠，中年做官，晚年流离。

一、李白的个性及思想

1. 酣歌纵酒

《将进酒》："君不见黄河之水天上来，奔流到海不复回。
君不见高堂明镜悲白发，朝如青丝暮成雪。人生得意须尽欢，莫
使金樽空对月。"《行路难》："且乐生前一杯酒，何须身后千载
名。"似陶潜、阮籍，才气奔放。诗与酒的结合，显出诗人的享
乐人生观。另一方面，也因为乐府歌曲原为燕乐，亦是与传统的
结合。

《月下独酌》："花间一壶酒，独酌无相亲。举杯邀明
月，对影成三人。"月，李白诗中屡屡提到："小时不识月，
呼作白玉盘。"（《古朗月行》）"床前明月光，疑是地上霜。
举头望明月，低头思故乡。"（《静夜思》）《把酒问月》一
首："青天有月来几时，我今停杯一问之。人攀明月不可得，
月行却与人相随。……今人不见古时月，今月曾经照古人。古
人今人若流水，共看明月皆如此。惟愿当歌对酒时，月光长照
金樽里。"在李白的诗里，花、月、酒与诗融合，写人生短忽，
对酒当歌。《古诗十九首》、曹魏乐府歌曲中已多此种情调，太
白更为诗酒浪漫，他这些诗最通俗，可比波斯诗人奥马尔·海亚
姆（Omar Khayyam）。张若虚《春江花月夜》，联结月与春、

江花、闺怨，李白联结月与酒，个人享乐，求超脱，摆脱世俗的忧虑。

《把酒问月》开始有屈原《天问》意，并不求答，答案是造化自然是永恒的，人生是飘忽的。"月行却与人相随"，自然接近人，人因陷于世俗功名利禄之念不肯亲近自然耳。李白别有《日出入行》："日出东方隈，似从地底来。历天又复入西海，六龙所舍安在哉？"有对宇宙的求知精神。《把酒问月》后面说月的永恒，再后说人生无常。他不消极，从接近自然里得到永恒，与《日出入行》"吾将囊括大块，浩然与溟涬同科"同样意思，人与自然融为一体。此诗表现他的宇宙观和人生观。

2. 任侠

范传正《李公新墓碑》："少以侠自任。"《与韩荆州书》："虽长不满七尺而心雄万夫。"《与裴长史书》述及少年任侠事。魏颢《李翰林集序》云，"少任侠，手刃数人。与友自荆徂扬，路亡。权窆回棹，方暑，亡友糜溃，白收其骨，江路而舟"云云。挥金如土，纵酒好游览，济朋友。《行路难》："昭王白骨萦蔓草，谁人更扫黄金台？行路难，归去来！"自比郭隗、乐毅之流。又有《侠客行》："纵死侠骨香，不惭世上英。谁能书阁下，白首太玄经。"英雄主义。又有《猛虎行》（天宝乱后至宣城作）："有策不敢犯龙鳞，窜身南国避胡尘。宝书玉剑挂高阁，金鞍骏马散故人。"其云："贤哲栖栖古如此，今时亦弃青云士。"自比张良、韩信。《古风》其十，推重鲁仲连，云"吾亦澹荡人，拂衣可同调"。《古风》其十五，推重"燕昭延郭隗，遂筑黄金台"，乃云"奈何青云士，弃我如尘埃"。由此可见，彼亦有用世心，近于纵横家，又似蔺相如、司马相如之人物。与王维好静，尊心禅佛之艺术修养，杜甫自比扬雄之作赋，志于匡君遗失之大臣，气度不同。李白是悲歌慷慨，自负才气的人物。《新唐书》评之曰："喜纵横术、击剑，为任侠，轻财重施。"

总而言之，是英雄浪漫主义。

3. 好道求仙

前述，他的宇宙观"日出东方隈，似从地底来。历天又复入西海，六龙所舍安在哉？其始与终古不息（一作'其行终古不休息'），人非元气，安得与之久徘徊？"（《日出入行》）知人生是短忽，宇宙之终古不息，因之好道求仙。《古风》其四："桃李何处开，此花非我春。惟应清都境，长于韩众亲。"其五："仰望不可及，苍然五情热。吾将营丹砂，永与世人别。"其二八："君子变猿鹤，小人为沙虫。不及广成子，乘云驾轻鸿。"又如《庐山谣寄卢侍御虚舟》："我本楚狂人，凤歌笑孔丘。……早服还丹无世情，琴心三叠道初成。遥见仙人彩云里，手把芙蓉朝玉京。"他既与道士吴筠为友，又同至长安。当时人以为谪仙，又与贺知章等被称为"饮中八仙"，朝列为之赋谪仙之歌。

李阳冰云："天子知其不可留，乃赐金归之。……请北海高天师，授道箓于齐州紫极宫，将东归蓬莱，仍羽人驾丹丘耳。"是确曾受道箓者。《将进酒》云"岑夫子，丹丘生"，丹丘生当为道友也。又有《梦游天姥吟留别》，诗亦多神仙家言。

4. 政治上无所作为

李阳冰云："（玄宗）降辇步迎，如见绮皓。"盖以隐逸之士待之。他在政治上无所作为。李阳冰云："出入翰林中，问以国政，潜草诏诰，人无知者。丑正同列，害能成谤，格言不入，帝用疏之。"乐史则谓为高力士、杨贵妃所阻（《新唐书》《旧唐书》略同）。魏颢云："吾观白之文义，有济代命。"刘全白《唐故翰林学士李君碣记》："玄宗辟翰林待诏。因为和蕃书，并上《宣唐鸿猷》一篇。上重之，欲以纶诰之任委之，同列者所谤，诏令归山，遂浪迹天下。"不幸禄山之乱，玄宗西巡，永王璘辟为僚佐，以此获罪。《旧唐书》曰："永王璘为江淮兵马都督、扬州节度大使，白在宣州谒见，遂辟从事。"不知白去谒，抑为永王璘所征聘。白有《经乱离后天恩流夜郎忆旧游书怀赠江夏韦太守良宰》一首长诗，为自叙之作，甚详。首云：原为谪仙，误逐世间，"学剑翻自哂，为文竟何成？剑非万人敌，文窃四海声"。到过幽州，"君王弃北海"，到长安，辞官，祖饯。安贼之乱，"两京遂丘墟"。永王璘"帝子许专征，秉旄控强楚。……仆卧香炉顶，餐霞漱瑶泉。门开九江转，枕下五湖连。半夜水军来，寻阳满旌旃。空名适自误，迫胁上楼船。徒赐五百金，弃之若浮烟。辞官不受赏，翻谪夜郎天"云云，则知其非自去谒王，乃王所征辟耳。此诗末之"君登凤池去，忽弃贾生才"，有托韦太守援引意，亦可怜也。

李白思想的主要矛盾是自然与人生的矛盾。自然永恒，人生短暂。"人非元气，安得与之久徘徊？""今人不见古时月，今月曾经照古人。古人今人若流水，共看明月皆如此。"从自然中得到永恒，从诗歌中得到永恒，把酒来消遣人生。追求神仙、学道，以求永恒。

第二个矛盾是清高与名位思想的矛盾。李白有用世心，而放浪不羁，不称意则思隐居。"人生在世不称意，明朝散发弄扁舟。""张良未逐赤松去，桥边黄石知我心。"表其心思耳。

二、李白的诗

南北朝实施门阀制度，贵族政治。隋唐进士制度，吸收高级知识分子到统治集团，做压迫人民的帮凶和帮闲。这些知识分子出身于封建地主或官僚家庭，从下面爬上来，迎合国君权相、公卿贵人，或者不得意而反抗，或者有清高思想，借作品发牢骚，常处在热衷世事与清高为人的矛盾之中。

李白并非进士，做翰林供奉。不次的恩遇，非正途出身。他诗才杰出，不受羁勒，如应进士科倒未必得意。他绝少宫艳体诗，他的诗从建安文学出来，以建安为风范，与谢朓、鲍照近。

他的诗有热烈的感情，他是一位天才诗人。

李白继陈子昂为复古派中人物。其《古风》五十九首第一首云：

> 大雅久不作，吾衰竟谁陈？
>
> 王风委蔓草，战国多荆榛。
>
> 龙虎相啖食，兵戈逮狂秦。
>
> 正声何微茫，哀怨起骚人。

扬马激颓波，开流荡无垠。

废兴虽万变，宪章亦已沦。

自从建安来，绮丽不足珍。

圣代复元古，垂衣贵清真。

群才属休明，乘运共跃鳞。

文质相炳焕，众星罗秋旻。

我志在删述，垂辉映千春。

希圣如有立，绝笔于获麟。

这首诗写得很严正，他对于诗推崇《诗经》正声，又说志在删述，自比孔子。与"我本楚狂人，凤歌笑孔丘"似乎矛盾，此两重人格也。实则他对于诗的理论，属于正统派；他自己的个性，则是浪漫的，仙侠一路。他还推崇建安以前的诗，看不起南朝的绮丽文学。其《古风》同阮籍《咏怀》、陈子昂《感遇》的篇章。他的诗的工力可以比上阮嗣宗。

虽然他推崇《诗经》，可是他没有作四言诗，所作的以五古、七古为最多，可见古之难复了。其论诗又云："梁陈以来，艳薄斯极，沈休文又尚以声律，将复古道，非我而谁。"又言："兴寄深微，五言不如四言，七言又其靡也。况使束于声调俳优哉。"他不赞成沈休文一派之声律对偶，宫体靡弱之诗，所以他也绝不提到初唐四杰，不像杜甫那样虚心，诗备众体。李白很少作律诗。

李白诗，擅长古风，多数是乐府古题，古乐府之新作法。从汉魏以迄于南北朝乐府诗题，他几乎都有写作，如《天马歌》《公无渡河》《日出入行》《战城南》《白头吟》《相逢行》《有所思》《短歌行》《长歌行》《采莲曲》《乌夜啼》《乌栖曲》《子夜歌》《襄阳歌》《白纻辞》《将进酒》《行路难》等拟古乐府，而自出心裁。有些乐府诗，虽然不见前人之作，但也非李白创调。在那些乐府古题内，李白诗情奔放，超过古人原作，皆出于古人之上。他的乐府多用杂言及长短句，才气纵横，非格律所能束缚。如《将进酒》《蜀道难》。六朝乐府他亦学，如《白纻辞》《子夜四时歌》《长干行》《乌栖曲》，都很清丽。他是结束汉魏六朝的诗歌，集汉魏六朝诗体大成。他的乐府如天马行空，不受羁縻。

他并不像杜甫那样自己立乐府题目，写当时时事。李白的只是抒情诗，并不记事，是超时代的作家。

略有与时事有关的如《怨歌行》，题下注云："长安见内人出嫁，友人令余代为之。"与《邯郸才人嫁为厮养卒妇》同意，又如《东海有勇妇》，注云：代《关中有贤女》。代即拟的意思，《关中有贤女》原乃汉鼙舞歌，此虽是拟古乐府，所咏为时事，诗中云"北海李使君，飞章奏天庭"。指李北海邕。又如《凤笙篇》，王琦谓送一道流应诏入京之作。《远别离》，萧士赟以为刺国家授柄于李林甫。《蜀道难》一诗，范摅《云溪友议》、洪驹父《诗话》、《新唐书·严武传》谓严武欲杀房琯、杜甫，李白为房、杜危而作此诗；唯孟棨《本事诗》《唐摭言》《唐书·李白传》谓白见贺知章，以《蜀道难》示之，则为天宝初时作，而严武镇蜀在至德后，不相及也。沈存中《梦溪笔谈》谓古本李集

《蜀道难》下有注云："讽章仇兼琼也。"萧士赟注李集谓见玄宗幸蜀时作，在天宝末，故言剑阁之难行，又曰"问君西游何时还"，君指明皇也。胡震亨谓但是拟古乐府，白，蜀人，自为蜀咏耳。此说如允，余皆好事者穿凿。

李白《猛虎行》虽亦是乐府诗，但咏时事，"秦人半作燕地囚，胡马翻衔洛阳草"。言禄山之叛，天宝十四载（755年）十二月东京之破，封常清战败，高仙芝引兵退守潼关，贼掠子女玉帛悉送范阳也。李白"窜身南国避胡尘"，客于宣城，与张旭会于溧阳酒楼，作此诗，以张良、韩信比己及旭，慨叹不遇。"一输一失关下兵"，一输指高仙芝退兵，一失指明皇斩仙芝、常清。

白才气纵横，乐府诗中常用杂言、长短句，近汉乐府，亦近鲍照，是以杜甫称其"清新庾开府，俊逸鲍参军"。与庾信实不近，其一身低首者为谢宣城。《宣城谢朓楼饯别校书叔云》云："蓬莱文章建安骨，中间小谢又清发。"在《金陵城西楼月下吟》诗中又云："解道澄江净如练，令人长忆谢玄晖。"是其晚年爱宣城之风景，故而特提谢朓。以彼才力，小谢非其匹也。

总之，唐人作乐府，并非完全拟古，兼存《诗经》讽刺时事之义。此则李白较少，而杜甫、白居易则最为注重此义焉。

白五、七绝句亦佳，惟不善五、七律。

前引杜甫《饮中八仙歌》云："李白一斗诗百篇，长安市上酒家眠。天子呼来不上船，自称臣是酒中仙。"贺知章曾许李白为谪仙人，又杜甫《苏端薛复筵简薛华醉歌》云："坐中薛华善醉歌，歌辞自作风格老。近来海内为长句，汝与山东李白好。"亦称李白善为醉歌也。杜甫自己也有《醉时歌》《醉歌行》等题，诗中并不单说喝酒，乃是酬赠、送别之作。如李白《将进酒》《前有樽酒行》《把酒问月》等篇，皆所谓醉歌也。醉歌者，即席作诗，以助酒兴。如曹操《短歌行》"对酒当歌"之意。李白一生诗酒风流，颇似阮籍，其信仰道家神仙亦然。豪放奔逸，与渊明之洁身自好、躬耕贫苦者又不同。李白有仙侠气，渊明调融儒道，温然纯粹。渊明愿隐，李白愿用世而不得意。虽随吴筠得玄宗知遇为翰林供奉，迄未得官。及天宝乱后，为永王璘辟为僚佐，璘谋乱兵败，白坐流夜郎，赦还，客死当涂。

《将进酒》是彰显李白诗酒风流的代表作，极富思想与个性。诗中岑夫子或谓岑参，丹丘生或谓元丹丘。"黄河之水"句，兴也，"不复回"，兴人生年华一去不复返。以"逝水流年"起，下言饮酒尽欢为乐。陈王，陈思王曹植，他的《名都篇》有"归来宴平乐，美酒斗十千"句。"钟鼓馔玉"言富贵。

《前有樽酒行》，此诗比《将进酒》更为蕴藉。

《日出入行》用汉乐府旧题，翻新，长短句古奥，然毕竟是唐人。全诗充分表现诗人对宇宙和人生的探求精神。

《月下独酌》和《把酒问月》都写诗与月与酒的融合。《把酒问月》比《月下独酌》来得好，《月下独酌》说理多，情感少。此诗说理更深且广。写月即自然是永恒的，人生是飘忽的。诗歌自然，酒遣人生。东坡《水调歌头》自此出。李白《把酒问月》诗分四叠，换韵，歌曲体，酒与月的交融，时与空的交错，淋漓尽致。东坡《水调歌头》开头"明月几时有，把酒问青天"，显然从李白《把酒问月》"青天有月来几时，我今停杯一问之"来。同样是把酒问月，与李白问宇宙、说人生不同，苏东坡后半阕归结到讲别离。

《宣城谢朓楼饯别校书叔云》诗发端忆念过去，烦忧现在，不从私交说，就人生感慨说，得其大。送秋雁，象征送客远游。其次，说到谢朓楼。"抽刀断水"，宾，比喻；"举杯消愁"，主。以流水喻思念、喻忧愁，可以与建安诗人徐干的《室思》"思君如流水，何有穷已时"的诗句作一比较，亦可以李后主《虞美人》词"问君能有几多愁，恰似一江春水向东流"的诗句中加以印证。

《扶风豪士歌》见其豪爽。乱时有用世意，以后入永王璘幕府，见其有意用世。此诗显示清高思想与名位思想的矛盾。末两句"张良未逐赤松去，桥边黄石知我心"点出。

白于天宝之乱，少有描述，其《上皇西巡南京歌》十首，有云"九天开出一成都，万户千门入画图。草树云山如锦绣，秦川得及此间无"。又云"谁道君王行路难，六龙西幸万人欢。地转锦江成渭水，天回玉垒作长安"。又云"少帝长安开紫极，双悬日月照乾坤"。白，蜀人，且他自己在南方，作此等歌颂语，与杜甫之在长安，作《哀江头》之痛哭流涕，感慨绝不相同。杜甫关怀时局，忧念蒸黎，李白不很关心。又如《永王东巡歌》十一首，说到"龙蟠虎踞帝王州，帝子金陵访古丘"，又云"试借君王玉马鞭，指挥戎虏坐琼筵。南风一扫胡尘静，西入长安到日边"。据其后来自己坦白是当时"迫胁上楼船"的，但在此歌中所说，确是赞助王子立功之意，未始不肯为永王用也。文人转侧，难于主张。

白之绝句《苏台览古》："旧苑荒台杨柳新，菱歌清唱不胜春。只今惟有西江月，曾照吴王宫里人。"《黄鹤楼送孟浩然之广陵》："故人西辞黄鹤楼，烟花三月下扬州。孤帆远影碧空尽，惟见长江天际流。"《闻王昌龄左迁龙标遥有此寄》："杨花落尽子规啼，闻道龙标过五溪。我寄愁心与明月，随君直到夜郎西。"《峨眉山月歌》："峨眉山月半轮秋，影入平羌江水流。夜发清溪向三峡，思君不见下渝州。"以上四首，皆见其风韵。

相传《菩萨蛮》《忆秦娥》等小词，皆托名李白，宋人混入白集者，即《清平调》三章，乐史所艳称者，亦恶俗不类，品格低下。乐史，北宋人，新得此三首诗，并有明皇贵妃赏芍药故事（见乐史《李翰林别集序》），实为可疑，非史实。白集另有《宫中行乐词》八首，注云奉诏作。亦真伪不辨。比较观之，尚较《清平调》三章为胜。

杜甫

杜甫（712—770），字子美。本湖北襄阳人，后徙河南巩县。（《旧唐书·文苑传》）

一、世系

杜预之第十三代孙。《唐书·宰相世系表》载：襄阳杜氏，出自预少子（四子）尹。杜预十世孙依艺入唐初为监察御史、河南巩县令。移家巩县，当自甫之曾祖依艺始。祖审言，修文馆直学士，膳部员外郎。审言在武后中宗朝以诗名。父，闲，朝议大夫，兖州司马，终奉天令。[元稹墓志云：晋当阳侯（预）下十世而生依艺。钱牧斋云：旧谱以甫为尹之后，不知何据。]

《旧唐书·杜易简传》：易简周硖州刺史叔毗曾孙。易简从祖弟审言。易简、审言同出杜叔毗。《周书·杜叔毗传》：其先京兆杜陵人，徙居襄阳。杜陵，长安城东南，秦为杜县，汉宣帝筑陵葬此，因曰杜陵，并改杜县为杜陵县。其东南又有一陵，差小，谓之少陵（许后葬此）。杜甫曾居少陵之西附近。杜甫自称"杜陵布衣"，又称"少陵野老"。

以世系推之，叔毗为杜预八世孙。是以杜甫之先，出京兆杜陵，徙襄阳，再徙河南巩县。

二、杜甫的经历和诗歌创作

甫之家世，出名门。少贫。年二十，客吴越齐赵。举岁贡进士，至长安，不第。客东都。客齐州。李邕奇之，为友。归长安。年四十进《三大礼赋》，甫自夸为"扬雄、枚皋之流，庶可跂及也"。玄宗奇之，命待制集贤院。时天宝十载（751年），国事已非。

此前，开元二十二年（734年）李林甫相。开元二十四年，张九龄罢相，下年出贬。宋璟卒。武惠妃卒。开元二十八年，张九龄卒。天宝元年，以安禄山为平卢节度使。禄山，杂胡，降将，本张守珪部下，以讨奚契丹兵败送京师。上赦之，张九龄谏不听。天宝元年，用之。三年（改"年"曰"载"）兼范阳节度使。杨贵妃，杨玄琰女，开元二十三年（735年），册为寿王妃，出为女道士。天宝四载（745年），册杨太真为贵妃。天宝七载，以杨钊判度支事，以贵妃三姊为国夫人。天宝十载夏四月，鲜于仲通讨南诏蛮败绩，士卒死者六万，杨国忠掩其败，反以捷闻，制复募兵击之。大募两京及河南北兵以南征。人闻云南瘴疠，士卒未战而死者十之八九，莫肯应募。国忠遣御史分道捕人。父母妻子走送，哭声震野。时杜甫在长安，为作《兵车行》。

天宝十载十一月，以杨国忠领剑南节度使。十一载，李林甫卒，以杨国忠为右相兼文部尚书。杜甫《丽人行》云"三月三日天气新"是春天，又云"慎莫近前丞相嗔"，为国忠为相后之春天，当在天宝十二载、十三载、十四载三年中。

杜甫在长安所作诗，重要的有《奉赠韦左丞丈二十二韵》。诗自叙曰：

> 纨袴不饿死，儒冠多误身。
> 丈人试静听，贱子请具陈。

纨袴，亦作"纨绔"，指贵戚子弟。杜甫自己为穷儒、知识分子而属于被压迫阶层，他的意思也要往上爬。

　　甫昔少年日，早充观国宾。①

　　读书破万卷，下笔如有神。

　　赋料扬雄敌，诗看子建亲。

　　李邕求识面，王翰愿卜邻。

　　自谓颇挺出，立登要路津。

　　致君尧舜上，再使风俗淳。

　　此意竟萧条，行歌非隐沦。

　　骑驴十三载，旅食京华春。

　　朝扣富儿门，暮随肥马尘。

　　残杯与冷炙，到处潜悲辛。

　　主上顷见征，欻然欲求伸。

　　青冥却垂翅，蹭蹬无纵鳞。

天宝六载（747年），诏天下有一艺，旨毂下，李林甫命尚书省试，皆下之。公应诏而退。林甫不欲举贤，谓举人多卑贱，不识礼度。诗接着说韦左丞颇称扬他的诗，是以赠诗道知己之感。末云：

　　今欲东入海，即将西去秦。

　　尚怜终南山，回首清渭滨。

----

① 指其中岁贡。

有屈子眷怀之意。结云：

> 白鸥没浩荡，万里谁能驯？

洒脱，有掉头不顾意。此诗钱牧斋《少陵先生年谱》系于天宝七载（748年），其后未见其有离长安之迹。总之，在天宝十载献赋以前。

《兵车行》：乐府歌行体。写实。中间夹入近于对话的叙述。首云"车辚辚，马萧萧，行人弓箭各在腰。耶娘妻子走相送，尘埃不见咸阳桥。牵衣顿足拦道哭，哭声直上干云霄"。近于白话，极通俗。责备"武皇开边意未已"，厌恶此种战争，穷兵黩武。末云"君不见青海头，古来白骨无人收。新鬼烦冤旧鬼哭，天阴雨湿声啾啾"。说青海，指开元中历年击吐蕃之役。钱注云："是时国忠方贵盛，未敢斥言之。杂举河、陇之事，错互其词，若不为南诏而发者，此作者之深意也。"因献赋方为玄宗所知之故。

《丽人行》：直笔讽刺，无所顾忌。"就中云幕椒房亲，赐名大国虢与秦。""炙手可热势绝伦，慎莫近前丞相嗔！"斥杨氏姊妹，即刺明皇贵妃。

《自京赴奉先县咏怀五百字》：天宝十四载冬，杜甫自京赴奉先县。奉先即同州蒲城县，开元四年（716年），建睿宗桥陵，改为奉先县。去长安一百五十里，甫家所客居之地。甫夜发，严寒。（"客子中夜发。严霜衣带断，指直不得结。"）晨过骊山。

明皇与贵妃，每一年之十月，往骊山。此时正在骊山，乃有中间一段想象之描写，说明羽林卫军之盛，君臣之欢娱。"赐浴皆长缨，与宴非短褐。"贵戚聚敛，不爱惜物力："彤庭所分帛，本自寒女出。鞭挞其夫家，聚敛贡城阙。""中堂有神仙，烟雾蒙玉质。暖客貂鼠裘，悲管逐清瑟。劝客驼蹄羹，霜橙压香橘。"仿佛亲见亲闻，色香味均备。下云"朱门酒肉臭，路有冻死骨。荣枯咫尺异，惆怅难再述"。强烈的对比。

此诗分三段，首段开头至"放歌破愁绝"，述志，自叙出身志愿怀抱；中段"岁暮百草零"至"惆怅难再述"，路经骊山感慨陈词讽谏；末段北渡到家。"入门闻号啕，幼子饥已卒。……所愧为人父，无食致夭折。"哀痛之至。结构完整，前后似用史笔。此等诗作法，与王维、李白全异。

此诗至关重要，正是禄山起兵叛国之时，禄山以冬十一月九日反于河北范阳，反的消息尚未达长安也，明皇正在骊山淫游。反书至，明皇犹不信。此诗言欢娱聚敛，乱在旦夕。时杜甫在旅途，亦未有所闻也。此诗作于天宝十四载（755年）十一月，时公年四十四。

诗云"杜陵有布衣"。布衣，尚未官。按钱牧斋《少陵先生年谱》：天宝十四载，授河西尉，不拜。改右卫率府胄曹参军。十一月，往奉先县。或为参军不久又弃去也。"窃比稷与契"，稷即弃，周之先祖，帝喾之子，谷神，后稷。契，商之先祖，亦帝喾之子。两人当尧之兄辈，不为帝而为宰辅。"居然成濩落"，濩落，同瓠落、廓落，空大而无所容，大而无当。庄子《逍遥游》

"魏王贻我大瓠之种"。瓠落无所容，以其无用而掊之。"白首甘契阔。"契阔，《诗经·邶风·击鼓》"死生契阔"，《传》：契阔，勤苦也。又有一义，契阔谓久别。"潇洒送日月"，潇洒，洒脱也，散落。"蚩尤塞寒空"，注家或以蚩尤为旌旗、车毂、兵象、赤气者，均非是，蚩尤为雾也，蚩尤兴雾，故云。《汉书·成帝纪》："赐舅王谭、商、立、根、逢时爵关内侯。夏四月黄雾四塞，博问公卿大夫无有所讳。"此用其典以斥贵妃女祸（俞平伯说）。骊山之宫，即华清宫，天宝年间所改名。有温泉，白氏《长恨歌》"春寒赐浴华清池"者是也。在临潼县南，蓝田县北。

甫至奉先归家后，即得禄山反讯。十二月，封常清兵败，东京陷。高仙芝退保潼关，旋斩。天宝十五载（756年）正月，禄山在东京称大燕皇帝，在凝碧池头作乐。此时，王维在东京，李白在江南、江西。六月，哥舒翰兵败，禄山入关，明皇奔蜀。卫兵杀贵妃、国忠。七月，太子即位于灵武。

甫自奉先往白水，自白水往鄜州，住家，闻肃宗立，自鄜州奔行在（恐是彭原或凤翔），道路不通，陷贼中，留滞长安，时至德二载（757年），公年四十六。

作《哀江头》《哀王孙》两诗，乐府歌行体。钱牧斋注云：此诗（《哀江头》）兴哀于马嵬之事，专为贵妃而作也。苏辙曾言，《哀江头》即杜甫之《长恨歌》。但毕竟与《长恨歌》不同，一则风流韵事，情致缠绵，近于闲情，隔代之咏；一则当时哀伤，"明眸皓齿今何在，血污游魂归不得"。深刺之。"江头宫殿锁千门，细柳新蒲为谁绿。""黄昏胡骑尘满城，欲往城南望城北。"羁臣思君之词。

白居易以其诗分讽喻、闲适、感伤、杂律四类。如老杜之《自京赴奉先县咏怀五百字》，讽喻之类，《哀江头》，感伤之类也。

《哀江头》：禄山乱时，公陷贼中所作，时贵妃已死于马嵬驿，明皇已西幸蜀。"江头宫殿锁千门"，江头宫殿指兴庆宫，亦名南内，亦名南苑。《雍录》：兴庆宫在都城东南角，又号南内，与东内、西内称为三省。本玄宗藩时宅，即位后置为宫。内有勤政务本楼、花萼相辉楼、翰林院、南薰殿、沉香亭等。"白马嚼啮黄金勒"，《明皇杂录》："上幸华清宫，贵妃姊妹各购名马，以黄金为衔勒。"又《新唐书·贵妃传》"妃每从游幸乘马，则力士授辔策"。马嵬驿在兴平县①西，渭水北。《唐书·贵妃传》："（贵妃）缢路祠下，裹尸以紫茵，……年三十八。"时天宝十五载（756年）六月也。"欲往城南望城北"，"望城北"，一作"忘南北"。王安石集唐诗，两处皆作"望城北"。乐游原地势高，宜可登望，"黄昏胡骑尘满城"，望不分明矣。详录吴旦生《历代诗话》所说。陆游谓北人谓"向"为"望"。

《哀王孙》："长安城头头白乌，夜飞延秋门上呼。又向人家啄大屋，屋底达官走避胡。"似变化乐府《乌夜啼》，以成新乐府歌行。王孙流于路隅，困苦乞为奴。窜于荆棘，身上无完肤。写乱极，亦是实况。

---

① 今陕西省兴平市。

杜甫陷在长安，与苏端、薛复作《醉歌》，即《苏端薛复筵简薛华醉歌》。

苏端，杜甫常至彼处饮食，见《雨过苏端》诗，云"杖藜入春泥，无食起我早。诸家忆所历，一饭迹便扫。苏侯得数过，欢喜每倾倒。也复可怜人，呼儿具梨枣。浊醪必在眼，尽醉摅怀抱"。

薛复诗亦必可观，惜未传。

《醉歌》中"急觞为缓忧心捣"句，《诗经·小雅·小弁》"我心忧伤，惄焉如捣"，《传》："惄，思也。捣，心疾也。""如渑之酒常快意"，渑，音偬，音泯（去声）。《孟子·告子》疏："淄渑二水为食，易牙亦知二水之味，桓公不信，数试始验。"《左传》："有酒如渑，有肉如陵。"

至德二载（757年）五月，逃到凤翔，见肃宗，授左拾遗，作《述怀》："去年潼关破，妻子隔绝久。今夏草木长，脱身得西走。麻鞋见天子，衣袖露两肘。朝廷愍生还，亲故伤老丑。涕泪授拾遗，流离主恩厚。"

同年八月，杜甫从凤翔回到鄜州，作《北征》。这首诗是他回家以后所写。鄜州在凤翔东北，因而题名为《北征》。"征"，旅行。此诗题下原有注云："归至凤翔，墨制放往鄜州，作。"杜甫到凤翔后，任左拾遗职，因为上疏替房琯说话，触忤肃宗，幸得宰相张镐替他辩解，方得无罪。不久，得旨意，他可以回鄜州去走一趟。

《北征》和《自京赴奉先县咏怀五百字》同为长篇五古。首节自叙，忠君眷恋；中间述路途所见秋景，至家妻子欢聚；末节述贼势已弱，不久可收京。回纥助战，亦可忧虑；结以颂扬中兴之业。

李黼平《读杜韩笔记》，谓杜甫《北征》中"不闻夏殷衰，中自诛褒妲"不误。《史记·周本纪》龙漦事伯阳明言昔自有夏之衰。骆宾王《讨武氏檄》亦云龙漦帝后识夏庭之遽衰。骆在杜前，诗盖本于是矣。

［附］根据同学中报告、讨论的意见

（一）《北征》分段

1．"皇帝二载秋"至"忧虞何时毕"（有的意见到"臣甫愤所切"）：离朝廷告归。

2．"靡靡逾阡陌"至"残害为异物"（有的意见到"及归尽华发"）：道路经历。

3．"况我堕胡尘"至"生理焉得说"：回家情况。

4．"至尊尚蒙尘"至"树立甚宏达"：忧念国事。

（二）从《北征》看杜甫的思想

杜甫固然有为国为民的思想，但不是近代的民主思想，乃是在封建社会中的爱民思想。他是代表士大夫阶级，一边爱戴君王，决不攻击，只能说恐君有遗失；一边在诗歌里代为表达些人民的声音。《北征》以皇帝（肃宗）始，以太宗结，乃是忠于李姓一家的。以皇帝为中心，皇帝代表天下。这是杜甫做了拾遗以后的士大夫架子，同"杜陵有布衣"口气不同了，也许会"取笑同学翁"的。

后世所以推崇杜甫，原因也为了他这种忠君爱国的思想，可以为统治阶级所利用。

君主不必如何有威权，臣子自然要拥护，此之为天经地义。有反对宰相者，无反对君王者，君王是一种偶像，是神圣的。后世不应有这种思想，否则成为极权主义。

以前天子并无最后表决权。杜甫亦有议君王处，如"圣心颇虚伫"一段。

继《北征》，作《羌村三首》，极佳。

羌村，或在今鄜县①、洛川县间。在陕西鄜县，秦文公作鄜畤，祀白帝。

第一首，记乱后归家，悲欢交集之状。日脚，日光下垂也。岑参诗"雨过风头黑，云开日脚黄"（《送李司谏归京》）。元稹诗"雪花布遍稻陇白，日脚插入秋波红"（《酬郑从事四年九月宴望海亭次用旧韵》）。

第二首，叙还家后事。述及娇儿，可与《北征》同看。"故绕池边树"，故，屡也。杜诗《月三首》"时时开暗室，故故满青天"。仇注：故故，屡屡也。

第三首，记邻里之情。可与陶渊明《饮酒》比较。渊明诗云"清晨闻叩门，倒裳往自开。问子为谁欤？田父有好怀。壶浆

<hr>

① 今陕西省延安市富县。

远见候，疑我与时乖"。(《饮酒》之九)"故人赏我趣，挈壶相与至。班荆坐松下，数斟已复醉。父老杂乱言，觞酌失行次。"(《饮酒》之十四)

《北征》《羌村三首》是757年八月杜甫离开凤翔回到鄜州家中以后所作，而在回家途中，路过玉华宫，作《玉华宫》一诗。此诗格调高绝，宋人多拟作。诗云：

> 溪回松风长，苍鼠窜古瓦。
>
> 不知何王殿，遗构绝壁下。
>
> 阴房鬼火青，坏道哀湍泻。
>
> 万籁真笙竽，秋色正潇洒。
>
> 美人为黄土，况乃粉黛假？
>
> 当时侍金舆，故物独石马。
>
> 忧来藉草坐，浩歌泪盈把。
>
> 冉冉征途间，谁是长年者？

玉华宫是唐太宗贞观二十一年（647年）所建，在宜君县西北，地极清幽，后靠山岩，旁引涧水，建筑朴素，正殿覆瓦，余皆茸茅。太宗曾经在那里住过，作为清凉避暑之所。到唐高宗时，651年，即废宫为佛寺，称玉华寺。杜甫在一百多年后见到它，已经荒废不堪了。

此诗查云：上去两声兼用。今按诗韵，下、泻两字，马袮均收，此诗可以说是纯用上声也。

《古唐诗合解》有注云：玉华宫前溪名醸醁，溪回远，松风不歇。

此诗第一句写寺外之溪及溪边之松。第二句写寺之屋顶，从古瓦到引起遗构。有松，有溪，有古寺，有苍鼠、古瓦，又有绝壁之岩，地少人行，旅客独至，诗中有画，鬼火青是色，哀湍泻是声，万籁笙竽是声，秋色潇洒，又是色。真、正＝verb to be。四句中惟有"泻"字是真动词，其余青、真、正皆用作动词。冯钟芸称此等字为联系词。（见其所作《杜诗中的联系词》）

美人粉黛句不可解。或云玉华宫旁有苻坚墓，故云。石马尤为陵墓物，惟粉黛假或指玉华寺中壁画，菩萨或侍女斑驳模糊亦未可知。石马或苻坚墓所留。当时寺墓均已荒凉，杜老亦不辨谁属耳。

末四句因吊古而自吊。冉冉，行貌。《离骚》"老冉冉其将至兮"，此处是双关的，一边实说冉冉征途，系他从凤翔省家回鄜州，途中经过坊州宜君县地；一边关联到老冉冉其将至，故云"谁是长年者"，犹言长生的人。如不用"冉冉"而用"仆仆征途间"，那么同"长年者"没有了联系。

李宾之曰：五、七言古诗，子美多用侧韵，如《玉华宫》《哀江头》等篇，其音调起伏顿挫，独为矫健。

至德二载（757年）正月，安禄山为安庆绪所弑。春间，史思明为李光弼所破。九月，广平王统朔方、安西、回纥众兵收西京。十月，安庆绪奔河北，广平王收东京。（杜甫《北征》作于八月，尚有用不用回纥之议。）十月，肃宗自凤翔还京，杜甫扈从还京。十二月，明皇还京。（出外一年半。）甫于收京后，作七古《洗兵马》。

乾元元年（758年）九月，命郭子仪等九节度使兵围邺，讨伐安庆绪。乾元二年正月，史思明称燕王。三月，思明杀安庆绪，九节度使兵溃于相州（邺），以李光弼代郭子仪。九月，史思明陷东都。

杜甫于乾元元年仍任左拾遗，六月，出为华州司功参军。冬晚间至东都，乾元二年春自东都回华州。一路所见，作"三吏""三别"。

《新安吏》：杜甫从洛阳到华州途中，经过新安县（在今河南省）见到征丁役的事，写作这首诗。"客行新安道，喧呼闻点兵。"新安县小，抽壮丁，服兵役，无丁选中男。杜甫同情他们的痛苦，但言"况乃王师顺，抚养甚分明。送行勿泣血，仆射如兄弟"以慰之，鼓励他们从军。

《潼关吏》：邺城败后，恐洛阳失守，士卒筑城潼关，乱后修补残创，以防万一。此诗言潼关之险要，哀哥舒之兵败。杜甫由华州往还洛阳所见。

《石壕吏》：石壕，陕州陕县的石壕镇，在今河南省陕县①东。杜甫至宿民家，闻此抽丁之事。吏夜捕人，老翁逾墙走，老妪去应河阳之役。此诗伤九节度使兵之败，以致如此。却并非厌战，不愿民之服役，须如此看。

---

① 今属河南省三门峡市陕州区。

上面三首诗，是战乱时的插曲，叙事兼议论。《新婚别》《垂老别》《无家别》，泛泛说民间离别之事。有几种情形，最为动人，即生离死别之事。非乐府旧题，乃是新拟乐府之题。虽是泛泛说，不指定姓张姓李的事，可是指定一个时代，是现代，是唐代，不是指秦汉时代，同《饮马长城窟行》等又不同。

《新婚别》：写一个新婚的人在结婚第二天便被征去河阳守防。全篇为新妇别丈夫的话。开始以"兔丝附蓬麻，引蔓故不长"作比兴语（"三吏"通篇用赋），引出"嫁女与征夫，不如弃路旁"。中间有"勿为新婚念，努力事戎行"之语。

《垂老别》：写一个被征调去当兵的老人。全篇作为老人的自述。"老妻卧路啼，岁暮衣裳单。孰知是死别，且复伤其寒。"生离死别，相互关怜。"人生有离合，岂择衰盛端。"老年勉应兵役。

《无家别》：写一个刚从战场上回来又被征去的人。全篇作为本人的自述。家室荡然，还乡孤苦，仍不得息，又应兵役。无家，无屋舍亦无家室，母又死了，无家可别了。诗结尾句"人生无家别，何以为蒸黎"。蒸黎，民也。又作黎蒸，见司马相如《封禅文》"正阳显见，觉寤黎蒸"。

此数诗并非厌战思想（与《兵车行》不同），乃是实写民间之苦，见明皇、贵妃李杨等人之罪恶，变太平为干戈，亦以惜九节度使兵之溃退耳。

时关辅饥，乾元二年（759年）七月，杜甫弃官西去。度陇，客秦州。十月，往同谷县，寓同谷。十二月一日，自陇右入蜀至成都。作《秦州杂诗二十首》《发秦州纪行十二首》《乾元中寓居同谷县作歌七首》《发同谷县》等。

《乾元中寓居同谷县作歌七首》 乾元二年十一月，杜甫居住同谷县时作。同谷县，今甘肃成县。

其一，说作客、白头，天寒日暮在山谷里拾橡栗。"呜呼一歌兮歌已哀，悲风为我从天来。"

其二，"长镵长镵白木柄，我生托子以为命。"山中掘吃的东西，一无所得而归，男呻女吟。

其三，忆弟。"有弟有弟在远方，三人各瘦何人强。"

其四，忆妹。嫁在钟离，"良人早殁诸孤痴"。

其五，作者客居穷谷，忧魂魄不得归故乡。

其六，龙湫有蝮蛇，拔剑欲斩。

末尾，总结。"男儿生不成名身已老，三年饥走荒山道。长安卿相多少年，富贵应须致身早。"

歌辞哀痛激烈，似《胡笳十八拍》，用"兮"字，楚歌。亦暗用《招魂》内容。

上元元年（760年），杜甫至成都，卜居成都西浣花溪旁，经营草堂。有《卜居》诗云："浣花溪水水西头，主人为卜林塘幽。"（或云剑南节度为公卜居，或云甫自己所经营。）有《江村》诗写闲居之情况：

清江一曲抱村流，长夏江村事事幽。

自去自来堂上燕，相亲相近水中鸥。

老妻画纸为棋局，稚子敲针作钓钩。

多病所须唯药物，微躯此外更何求？

又有《客至》诗云：

舍南舍北皆春水，但见群鸥日日来。

花径不曾缘客扫，蓬门今始为君开。

盘飧市远无兼味，樽酒家贫只旧醅。

肯与邻翁相对饮，隔篱呼取尽余杯。

761年，年五十，居草堂。时严武为成都尹。762年、763年，往来梓州、阆州、成都间，除京兆功曹，在东川。广德二年（764年），严武再镇蜀，甫归成都，在武幕中，有《宿府》诗：

清秋幕府井梧寒，独宿江城蜡炬残。

永夜角声悲自语，中天月色好谁看？

风尘荏苒音书绝，关塞萧条行路难。

已忍伶俜十年事，强移栖息一枝安。

此首诗全体对仗，三、四句法稍为特别，系五二句法。一句视觉，一句听觉。三、四写景，五、六叙事抒情，此是七律两联变换方法。但老杜以前所作，亦多两联均写景，或两联均叙事者。

悲自语，角声之悲咽如自言自语，亦伴人之孤吟梦呓耳。伶佣，辛苦孤单也。此两句移用到今日，我们复员后情景亦无不合。

严武与甫为世交，时武节度东、西川，表甫为工部员外郎。武待甫甚厚，亲至其家，而甫见之，或时不巾。尝醉登武床，瞪视武曰："严挺之有此儿。"（故事：武衔恨，欲杀之，冠钩于帘者三，乃得免。《新唐书》载之。）

代宗永泰元年（765年）四月，严武卒。甫辞幕府，归浣花溪草堂。五月离草堂南下，至戎州，至渝州。六月至忠州，旋至云安县。大历元年（766年）春，自云安至夔州。秋，寓于夔之西阁。作《秋兴八首》，为杜氏七律中之最有名者。作《咏怀古迹》五首，作《阁夜》一首，皆七律。《夔府书怀四十韵》。其中《秋兴八首》之一中有"丛菊两开他日泪，孤舟一系故园心"句，每句分成两节，"丛菊两开"是作客之景，因此而想到"往日"，"他日"等于"往日"，"他"字平声，以"泪"字作绾合。"孤舟一系"是今日之情景，因此想到"故园"（故乡），以"心"字作绾合。上句时间，下句空间。

这期间，甫有《返照》一首：

> 楚王宫北正黄昏，白帝城西过雨痕。
>
> 返照入江翻石壁，归云拥树失山村。
>
> 衰年病肺唯高枕，绝塞愁时早闭门。
>
> 不可久留豺虎乱，南方实有未招魂。

"南方实有未招魂"，自比屈原，忠臣羁旅，放逐未归，恐不克生还北方耳。此"招魂"用楚辞，上边楚王宫已点此。后面豺虎之不可久居，亦用招魂语，至此病肺，则病中招魂尤切。后世的诗多数为诗骚传统，如杜甫此首，几乎全用楚辞，以屈原自况。

大历三年（768年），正月去夔出峡，三月至江陵，秋移居公安，冬晚至岳州。大历四年正月自岳州至潭州，未几入衡州，夏畏热，复回潭州。有《岳麓山道林二寺行》及《望岳》。他曾到过泰山、华山，入湘去了南岳。其《望岳》诗云："祝融五峰尊，峰峰次低昂。紫盖独不朝，争长襄相望。恭闻魏夫人，群仙夹翱翔。有时五峰气，散风如飞霜。牵迫限修途，未暇杖崇冈。"因未尝登绝顶也。

大历五年欲如郴州，依舅氏崔伟，因至耒阳（今湖南耒阳县①，在衡阳南），卒于耒阳，年五十九。（故事：为暴雨所阻，旬日不得食，耒阳聂令迎甫而还，啖牛肉白酒，一夕而卒。《新唐书》采之，诬也。甫有"谢聂令诗"。一说卒于岳阳。）元和中，孙嗣业迁甫柩归葬于偃师西北首阳山之前。

三、杜诗的特征

杜甫诗空前绝后，为中国第一诗家。虽与李白齐名称李杜，而元微之已著论扬杜抑李，韩愈则并称之，谓"李杜文章在，光芒万丈长"。又与韩文并称，作杜诗韩笔。

杜甫诗可分数点论之：

---

① 今湖南省耒阳市。

1. 以时事入诗，有"史诗"之目

唐代政治得失、离乱情形、社会状况，皆可于杜诗中求之。杜氏不过为拾遗，且不为肃宗所喜，晚依严武，而流寓在蜀，而忠爱性成，常有感愤时事、痛哭流涕之作。故论者以李白为诗仙，而以杜甫为诗圣也。《新安吏》《潼关吏》《石壕吏》《新婚别》《垂老别》《无家别》称"三吏""三别"，皆乾元二年（759年）相州兵溃时作，写乱世民间疾苦，此类诗乃不虚作，得"三百篇"之遗意。他若《兵车行》《丽人行》《洗兵马》《哀江头》。《兵车行》写明皇用兵吐蕃民苦行役而作，《前出塞》同。《丽人行》讽杨氏姊妹兄弟作，而《虢国夫人》一首则直称时人之名，此古诗所少有。《哀王孙》写禄山乱时贵族流离之苦，"可怜王孙泣路隅。问之不肯道姓名，但道困苦乞为奴。已经百日窜荆棘，身上无有完肌肤"。《哀江头》陷贼中在长安作，"明眸皓齿今何在，血污游魂归不得。清渭东流剑阁深，去住彼此无消息"。慨马嵬西狩事。《洗兵马》收复西京后作，其中"攀龙附凤势莫当，天下尽化为侯王"含讽刺意，盖当乱平以后，滥升官职也。大概"安史之乱"前后公诗皆为政治的、有关时事的。

2. 多自叙及述怀之诗

最长之篇为《北征》，自凤翔见肃宗后返国鄜州省家作。《奉赠韦左丞丈二十二韵》天宝七载（748年）不得志将离长安作。《自京赴奉先县咏怀五百字》天宝十四载作。玄宗在华清宫，时禄山即反也。自叙志愿为"许身一何愚，窃比稷与契"。写途中云"岁暮百草零，疾风高冈裂。天衢阴峥嵘，客子中夜发。霜严衣带断，指直不得结"。写骊山宴乐云"中堂有神仙，烟雾蒙玉质。暖客貂鼠裘，悲管逐清瑟。劝客驼蹄羹，霜橙压香橘"，而接以评语云"朱门酒肉臭，路有冻死骨"！

3. 自铸伟词，创造句法，开诗之新格律

"语不惊人死不休""读书破万卷，下笔如有神"，较之李白一味拟古，自是不同。开后来诗人之门户，而当时人或不重之也。入蜀以后，格律尤细，至如《秋日夔府咏怀一百韵》《夔府书怀四十韵》等，排律之擅场，千古一人而已。

4. 融贯儒家思想以为根本

一生流离颠沛，自喻自解，颇有诙谐之处，以smooth（平复）种种惨苦之情，愈见其"但觉高歌有鬼神，焉知饿死填沟壑"，浩歌弥激烈耳。伟大的诗人人格必高。他信仰孔孟思想，惟一生不得志。严武有一时也对他不满意，于是才有了他对严武无礼貌，喊出"严挺之有此儿"的故事。不过他是积极的，当他悲观到极点，却用诙谐的方式表现出来，所以可爱。其幽默的诗风如陶渊明。对人生若理会若不理会，如《茅屋为秋风所破歌》。虽有诙谐笔墨，但其对于诗的看法非常认真而严肃，认为一生之表见惟在于诗耳。

5. 在技术上，他模拟所有一切前人之作

杜甫在《戏为六绝句》里说"不薄今人爱古人"，于《大雅》《小雅》、阮籍、左思、谢灵运、何逊、阴铿、庾信、"初唐四杰"、沈佺期、宋之问皆有所学，故能集诗之大成。如杜诗"云白山青万余里，愁看直北是长安"，从沈佺期"两地江山万

余里，何时重谒圣明君"来；杜诗"春水船如天上坐，老年花似雾中看"，从沈佺期"人疑天上坐，鱼似镜中悬"来。盖其祖杜审言与佺期等为友，杜律诗自沈开拓也。

有人问：唐代佛教甚盛，何以杜甫绝不受其影响？按：杜集亦有与上人来往者，如钱笺本卷三有《寄赞上人》《别赞上人》二首。卷四《赠蜀僧闾丘师兄》末句"惟有摩尼珠，可照浊水源"，卷五《谒文公上方》云"愿闻第一义，回向心地初。金篦刮眼膜，价重百车渠。无生有汲引，兹理傥吹嘘"，等等。

李、杜比较

李、杜同时人，当时已齐名，韩愈以之并称。

李白拟古代乐府，杜的乐府是新定的、创造的。

李白为道家，为神仙家，杜甫纯粹儒者。杜甫关心时事，李白对于时事不甚关心。如玄宗幸蜀，杜甫痛哭流涕，而李白乃作《上皇西巡南京歌》，极轻清流丽之至，大有蜀间乐不必长安之意。

李白思想近于浪漫、颓废、出世，而杜甫则纯粹积极。

虽韩愈并推李、杜，而同时的元微之著论已扬杜抑李，云杜甫为千古诗人之宗。李诗是天才的流露，杜诗是用工做出来的。

论影响后世，李亦远不及杜。唐代韩（愈）、白（居易）、李（商隐）、杜（牧），宋则苏（轼）、黄（庭坚）、陈（师道）、陆（游）皆学杜，金则元好问，明则袁海叟（凯）《白燕诗》学杜，李空同学杜，清人则钱（谦益）、吴（伟业）、顾亭林辈皆学杜。诗中之有杜派为诗之正宗也。学李者，则长吉、苏轼、杨诚斋略有之，屈翁山、黄仲则有才如李白之称，实则不逮远甚也。

唐人选唐诗甚少收入李、杜之作，或者认为时人不重李、杜诗，此说未必，或因当时李、杜二集风行普遍，当时选家不愿多录耳。

李、杜二人交情很好。《唐诗纪事》录"饭颗山头逢杜甫，头戴笠子日卓午。借问别来太瘦生，总为从前作诗苦"诗，谓李嘲杜作，此乃小说家所为。

孟郊 闻一多

孟郊一变前人温柔敦厚的作风，以破口大骂为工，句多凄苦，使人读了不快；但他的快意处也在这里，颇有点像现代人读俄国杜斯妥也夫斯基①小说的那种味道。

孟郊又长于小学，故用字多生僻，可是他的作风却是多方面的。奇句如："唯开文字窗，时写日月容。"（《寻言上人》）长吉即专学这种笔法。他的《赠郑夫子鲂》诗云：

天地入胸臆，吁嗟生风雷。

文章得其微，物象由我裁。

宋玉逞大句，李白飞狂才。

苟非圣贤心，孰与造化该？

勉矣郑夫子，骊珠今始胎！

是写作的最高见解，太白亦不可及，又《听蓝溪僧为元居士说维

_____

① 今译"陀思妥耶夫斯基"。

110

摩经》诗云：

> 古树少枝叶，真僧亦相依。
> 山木自曲直，道人无是非。
> 手持维摩偈，心向居士归。
> 空景忽开霁，雪花犹在衣。
> 洗然水溪昼，寒物生光辉。

此写雪景，亦反映孟郊的心境，东坡等喜学此格。《访嵩阳道士不遇》句云：

> 日下鹤过时，人间空落影。

是双关语，宋诗格调发源于此。古今中外诗境当不脱唐宋人所造的两种境界，前者是浪漫的，后者是写实的；唐人贵熔情而宋人重炼意，所谓炼意，即诗人多谈哲理的作风。

　　孟郊又有《桐庐山中赠李明府》句云："千山不隐响，一叶动亦闻。"写极静境界妙极。又《怀南岳隐士》颔联云："藏千寻布水，出十八高僧。"在句法上创上一下四格，打破前例，使晚唐和宋人享用无穷。黄山谷（庭坚）赞东坡诗有句云："公如大国楚，吞五湖三江。"即用此格。同诗第二首颈联句云："枫稗楮酒瓮，鹤虱落琴床。"这又是向丑中求美的表现，后来成为宋诗的一种重要特色。

以上所说，只是孟郊在写作见解和诗歌艺术方面的一些创格，他主要的成就还在于对当时人情世态的大胆揭露和激烈攻击。因为孟郊一生穷困潦倒，历尽酸辛，故造语每多凄苦，如：

> 愁与发相形，一愁白数茎。
> 有发能几多，禁愁日日生！（《自叹》）

> 无子抄文字，老吟多飘零。
> 有时吐向床，枕席不解听。（《老恨》）

惟其生计艰难，故入世最深，深情进发，形成他愤世骂俗的突出风格，他是这样怨天尤人：

> 古若不置兵，天下无战争。
> 古若不置名，道路无欹倾。
> 太行耸巍峨，是天产不平。
> 黄河奔浊浪，是天生不清。（《自叹》）

又是那样怒今斥古：

> 詈言不见血，杀人何纷纷。
> 声如穷家犬，吠窦何喧喧。
> 詈痛幽鬼哭，詈侵黄金贫。

言词岂用多，憔悴在一闻。

古詈舌不死，至今书云云。

今人咏古书，善恶宜自分。

秦火不蒸舌，秦火空蒸文。

所以詈更生，至今横绷缊。（《秋怀》之一）

韩昌黎称他这种骂风叫"不平则鸣"，可见他在继承杜甫的写实精神之外，还加上了敢骂的特色，它不仅显示了时代的阴影，更加强了写实艺术的批判力量。这和后来苏轼鼓吹的"每饭不忘君父"的杜甫精神显然是对立的，无怪东坡对他要颇有微词了。拿白居易的《秦中吟》《新乐府》诸作和孟诗相比，那无非是士人在朝居官任内写的一些宣扬政教的政治文献而已，一朝去职外迁，便又写他的"感伤诗""闲适诗"去了。因此，他的最大成就只能是《长恨歌》《琵琶行》，而不是其他。不像孟郊是以毕生精力和亲身的感受用诗向封建社会提出血泪的控诉，它动人的力量当然要远超过那些代人哭丧式的纯客观描写，它是那么紧紧扣人心弦，即使让人读了感到不快，但谁也不能否认它展开的是一个充满不平而又是活生生的有血有肉的真实世界，使人读了想到自己该怎么办。所以，从中国诗的整个发展过程来看，我认为最能结合自己生活实践继承发扬杜甫写实精神，为写实诗歌继续向前发展开出一条新路的，似乎应该是终生苦吟的孟东野，而不是知足保和的白乐天。

白居易与元稹 罗庸

　　白居易、元稹、刘禹锡、李绅四人可列为一派，而以李之行辈较晚。四人共同努力于接近民间，而各人道路不同，如元、白找民间材料而以民间流行七言体写之，刘则自湘、桂诸地采"竹枝"而作诗。元、白理论，在白氏《与元九书》中，此为唐代诗歌理论之重要文献。前此虽有诗论，然多琐碎而无系统。其根本理论为：诗歌当有为而作，当为时代而歌唱。自二人同年登第后，即相约共同发扬此目的，至于终身而不懈，具有一贯之主张，此新乐府之所由产生也。似此以理论指导创作实践写作方法，诚前此大家所未有也。白成《新乐府》五十首，元亦以同样题材与形式写之。前此数年，乐天先发表其《长恨歌》，盛行一时，晚年悔之，后二年为拾遗，乃开始《新乐府》写作。此类诗篇为史诗性质，乃按实境描写，少写理想，技巧之进步较《长恨歌》未远，但描写现实则为内容之一大跃进，而唐代当时之社会背景遂因此而得较真实详细之记载。元、白诗当时广播四字，高丽、日本靡不有之。二人作风特点是理论与作风并重，且为有计划之写作也。

张、李亦有意走元、白之路，然成就不及元、白，殆为素养与天资所限耳。李有白之柔和而力不及，张笔虽刚而不开阔，故可传者少，刘禹锡根本不作新乐府，而自作《竹枝》，白亦尝效之，然卒不及。

此派趋向民间，无异走上复古之路，然绝不取险怪而集琐细派之大成，其成就凡四点：①长篇诗，如《长恨歌》《连昌宫词》《琵琶行》《江南遇天宝叟》等。初唐七古多抒情作，至盛唐惟工部、嘉州、太白能之，然数量不多，元、白可谓极其盛矣，影响后世之弹词。②新乐府，此对古乐府和唐乐府而言，古乐府不能更动其调名，唐乐府为唐所新创调名，非诗名而为乐名。元、白之乐府则由诗中取题，不守乐府规律，其弊在使后世作曲家忘却乐府诗之与音乐有关。③成数诗，即同时作若干首，一直连下，前此之成数诗乃陆续作成，集而题之，与元、白所作不同，如元之《有鸟二十章》《有酒十章》，开晚唐、北宋极坏风气，以此为消遣斗胜之工具，注重技巧之花样，而内容不复问矣，晚唐诗人皮、陆二家，即其代表。④小诗，如白之《昼卧》《夜坐》《村居》《晚寒》，元之《桐花》《雉媒》《苦雨》《说剑》，此由琐细派而来，然已有进步，盖琐细派之作意境、对象极小，而元、白之作乃加入个人想象，其中即加入画景，为偶然兴到之作，篇幅似词而意境似小品文，离画近而离音乐远矣。

杜牧与李商隐 罗庸

晚唐诗为历史三种潮流之结果：①盛唐完成之律诗，至晚唐花样业已变尽，无法翻新。而遵循旧套，故晚唐诗人律体极多，运用旧套词彩，摇笔即来，极少古诗，形成滥调，感人不深，律诗之五六一联皆千篇一律。②词彩极美，此受词之影响者也。晚唐词在文人手中虽较少，而教坊中却极普遍。③元、白之后，人多喜以俗语入诗，较近自然，而晚唐尤盛，故诗中多用白话土语，成为晚唐诗特色之一。后世戏台之压场词常用晚唐诗，盖取其通俗耳，然为趣味高雅者所不取。诗中大病，厥在缺乏感兴，此风至晚唐而益盛，故可观之作品甚少。能跳出此潮流者，当时便称大家。杜牧、李商隐、温庭筠即鹤立鸡群者也。然亦各有所本。

杜牧为纯白派，而加以张籍；李商隐为杜派，而加以韩愈。牧之与香山不同处在笔力刚健，绝律迥与香山不同。七古如《杜秋娘诗》《张好好诗》纯为元白笔调，加上张籍，别成一格。绝律有清刚蕴藉之致，白诗有老年人风流自赏之概，而小杜之诗则具壮年人之情味。晚唐人诗意态之好，牧之应推独步。义山七律全学工部，晚年之作，变化极多（全唐诗人律诗变化最多者应推工部与义山二人），古诗则师退之，退之每以作文之法为古诗，喜发议论，义山《韩碑》之作即是昌黎面目。综其成就，以律为最工，故应属于杜派。樊川于晚唐无兴会中独具兴会，义山于圆熟之中而避熟就生，故均能卓然自立焉。

北宋诗 罗庸

　　北宋初年，文尚西昆，其实西昆之名来自诗体，盖杨亿诸人尝有《西昆酬唱集》之作，包括作家十七人，作品二百五十首，钱惟演、刘筠、晏殊其著者也。今存二卷，其诗风格即晚唐五代考场之诗格。欧阳公典试，改革文体，诗亦在内，此时转风气之作家有二诗人焉，梅尧臣（圣俞，宛陵人）、苏舜钦（子美，梓州人）是也。欧阳公尝赞此二家，其早年之诗，即与二子相切磋。按二子最初作诗，仍自晚唐皮、陆之江湖格入手，惟工力极深，故自具独立之风格，特点为古淡，不用当时诗体，摒华词浮藻而弗用，开有宋一代之诗格。此二家不多作律诗，古诗以五古为多，此与唐人异趣。欧阳公诗文俱学昌黎，然气魄不足，其为人近于香山，故作诗无韩之笔力。韩诗之粗犷，固欧所不及也。盖棺定论，《六一词》中以七古最佳，五古次之，七律绝少，五律较胜，然其律诗仍自西昆派中来也，与苏梅相比，犹有不及。就个人成就言，词为冠，文次之，诗又次之。

　　荆公之诗学杜，然但学其古诗而已，无杜之温柔深厚，转似昌黎面貌，律诗亦不甚佳。其诗文风格一致，无分轩轾，此可见宋初学古诗风气之盛，盖学律易堕入西昆窠臼，故人有意避之。

东坡诗在北宋，一如欧公之文，乃领袖群伦者也。约可分为三期：①出蜀以前其诗乃得力于中唐刘梦得；②出蜀后学老杜，中年所作五、七言古诗，多与杜诗有关；③晚年（五十岁左右）因生活变化，有意学香山，故诗格近之，又尝和陶诗，别抄陶诗一部，然始终自成一格，盖前后风格一贯，即有才气，力量足以融汇各家之长而变化出之。在佛学修养上，除香山外，无与伦比，故东坡得以佛理增饰其诗之意境，又受当时诗歌、散文化影响，以散文为古诗，其成就非前此作家所及，故得蔚然为一代诗宗。诗中多分韵，亦承此元、白之余风，以才气、取境、变化各方面论之，实可独步北宋。

苏氏门下，诗歌成就亦有可观，小言之有四学士——黄庭坚、秦观、张耒、晁补之；大言之，加陈师道（后山）、李廌为六君子。北宋诗之正统全在苏门诸子，才气最大者当推山谷与少游。山谷未入苏门之前诗已成格，盖由家学造成者也，父黄庶，舅氏谢师厚，均学老杜，影响山谷极大，晚年乃独标一帜，即江西诗派之祖也。山谷诗有三点可说：①由杜入手而故意破杜之律，杜古诗原亦自有法度，山谷用北宋时风，以散文为诗，以成其拗体。②唐诗音调和谐，至山谷而使意重笔轻，此非唐人所能，陶冶工夫，亦唐人所不及也。③深于禅宗，故意境极深，而以洗练出之，又尚拗体，自成江西诗派之特殊风格。苏、黄相较，东坡以气胜而山谷以意胜，对后世均有极大影响。

吾人看宋诗当以两种眼光：①看其一般风气，如以散文为古诗，以古诗为律诗，使唐诗音节之美荡然无存，所成就者在造境方面，盖自中晚唐以来，诗境已趋陈腐，宋人追求新意境之道路，乃上接中唐孟郊、贾岛者也。北宋初期苏梅倡之于前，欧、苏继之于后，皆致力于炼意之功，乃成宋诗之面目。②看其学术背景。读唐诗除大家外，不必求其诗之学术背景，宋诗则各有其学术背景在，非深解此不足以知其诗，如东坡中年之诗，即以道家思想为其学术背景也。

北宋末，吕居仁作《江西诗社宗派图》，列山谷为首，江西诗派乃大行于世，在南宋放翁未出之时，诗坛风靡一时，影响反在欧、苏之上。山谷诗有三个特色：①宋人努力打破唐律而自辟新境，其中以山谷成就最大，拗体尤为工力所在。然山谷之拗体诗亦自有规律，实即创造新形式，不以字面拘束意境，故其诗均由千锤百炼出之。②洗练工夫为北宋诸家之冠，盖洗练后而使意重，将两相反之势合而为一，所以难能可贵，诗境之高峻原因在此，其失在平广。③山谷以禅宗为学术背景，禅宗以持本性为高，而山谷之诗以洗练出之，境界极高，然就诗论诗，其弊为意境不在规矩之中，形成不衫不履作风，往往令人费解。

少游早年学术背景与东坡相同，故其文在晚年犹纵横峻拔之致，诗则工力不足，不若其词成就之大。张耒才分不及少游，晁补之性厚重，以工力完成其写作。陈后山在江西诗派中地位仅次于山谷，其才性亦足相匹敌。惟山谷失之高峻难攀，后山诗则不失温润；山谷为向外发，后山则向内敛。李廌与张晁相当，无特出成就。

　　北宋末出陈与义（简斋），一反江西派之清苦，再向平易道路发展，然由高峻转向平易，亦不复落晚唐之窠臼矣。平易而易于丰腴，放翁辈盖由此出焉。

欧阳修 浦江清

欧阳修（1007—1072），字永叔，江西庐陵（今吉安）人。父亲是进士出身，做过小官，早卒。修四岁而孤，少年穷苦。母亲郑氏，亲诲之学，家贫至以荻画地为书。后随叔父在隋州，借李姓藏书抄诵。得《昌黎集》残书，读之，大好。敬佩韩愈，仿作古文。二十岁，进京赴考。二十四岁中进士，出为西京（洛阳）推官。与谢绛、尹洙、梅尧臣为友，时同游。

1034年，入为馆阁校勘。

1036年，年三十，范仲淹忤吕夷简罢出，修致书司谏高若讷，责其不言，骂他出入朝中不知人间有羞耻事。若讷出其书于朝，修被贬为夷陵①令。

1040年，入朝。

1043年，知谏院。

1044年，为龙图阁直学士。

1045年，为人所排挤诬陷，罢职，出为滁州知州。作《丰乐

---

① 今湖北省宜昌市。

亭记》及《醉翁亭记》。年四十，即自号醉翁。

1048年，徙知扬州。

1049年，移知颍州，乐西湖之胜，将卜居。

1050年，改知应天府兼南京留守。

1052年，以母忧，归颍州。

1054年，为翰林学士，兼史馆修撰。

1057年，知礼部贡举。其后又入朝，为翰林学士，修《唐书》（与宋祁分任主编），知贡举。历官礼部侍郎、枢密副使、参知政事等。

1071年，告老，以太子少师致仕。

明年卒，年六十六。谥文忠。有《欧阳文忠公集》《六一词》。

欧阳修一生宗仰韩愈，又从尹师鲁游，学作古文，而造诣特高。欧阳修是文学家，不是政治家。他在政治上近于元老派，很推崇杜衍、范仲淹、富弼、韩琦等有所作为的贤相。早年还比较激进，晚年当王安石执政时，就趋向保守了。

欧阳修的思想是儒家学说的正统思想，主张发扬孔孟之道。苏轼《六一居士集序》说：

　　自汉以来，道术不出于孔氏，而乱天下者多矣。晋以老庄亡，梁以佛亡，莫或正之。五百余年而后得韩愈。学者以愈配孟子，盖庶几焉。愈之后二百有余年而后得欧阳子，其学推韩愈、孟子以达于孔……

　　宋兴七十余年，民不知兵，富而教之，至天圣、景祐极矣。而斯文终有愧于古，士亦因陋守旧，论卑而气弱。自欧阳子出，天下争自濯磨，以通经学古为高，以救时行道为贤。

欧阳修要继承、发扬儒家道统，要"通经学古""救时行道"。他继承韩愈"原道"思想，而作《本论》。韩愈排斥佛老，尊重儒教，以周公、孔子、孟子的道统自命，合道统与文统为一。古文运动不单是文体方面的改革，同时也是思想方面的改革，内容和形式是统一的。写文章要根柢"六经"，发挥孔孟之道，作为巩固中央集权统治的上层建筑。欧阳修的中心思想也是如此，古文要表现的是儒家思想。《本论》之意谓中国不失教化，则夷狄之教无由入，故以固本为首要。固本包括农桑与仁义之教化。因为佛教的势力不如唐代的顽强，所以欧阳修的排佛也不像韩愈那样激切。比较《本论》和《原道》就可以明白。有佛教徒而能诗文的，他也加以奖掖，例如对释秘演、释惟俨等，为之作诗文集序。

欧阳修绝不好道求仙，他没有神仙思想、求长生等一套观念。他认为人生飘忽，是短暂的，但是可以不朽于后世。那便是《左传》所提倡的立德、立功、立言，此为三不朽。作于嘉祐元年（1056年）的《鸣蝉赋》认为，鸣蝉喧聒一时，"有若争能"，但"忽时变以物改，咸漠然而无声"。而人则不同，"达士所齐，万物一类，人于其间，所以为贵，盖已巧其语言，又能传于文字"，故能"虽共尽于万物，乃长鸣于百世"。不过文章虽工，假定没有内容，那么等于"草木荣华之飘风，鸟兽好音之过耳"（《送徐无党南归序》）。美丽的文章与工巧的语言，不足以不朽。足以不朽的是立德、立功、立言之三不朽，而三者中又应以立德为首要。"自《诗》《书》《史记》所传其人，岂必皆能言之士哉！修于身矣，而不施于事、不见于言，亦可也。"（同上文）此为儒家正统思想，以蓄道德能文章为标准。劝人如此，自勉如此。

因此欧阳修主张文章要发扬道统。在《答吴充秀才书》中他强调"道胜者文不难而自至"，反对文士自认为"职于文"而"弃百事不关于心"。在《与张秀才第二书》中，他再次发挥了文学必须明道的观念。张秀才请他看古今杂文十数篇，固为为学有志，然而述三皇太古之道，舍近取远，务高言而鲜事实。他认为是不切实的。他说："君子之于学也，务为道。为道必求知古。知古明道而后履之以身，施之于事，而又见于文章而发之，以信后世。其道周公、孔子、孟轲之徒常履而行之者是也，其文章则'六经'所载至今而取信者是也。其道易知而可法，其言易明而可行。……今生于孔子之绝后，而反欲求尧、舜之已前，世所谓务高言而鲜事实者也。"据此可知他所谓好古，是以恢复光大孔孟之道为职志。欧阳修揭起了正统文学的旗帜。人们也推崇他道德与文章不偏废。自欧阳修以后，道学、功业、文章离开。二程、周、张得道学，王安石得政治，苏轼得文章、文艺。

古文派都以根柢"六经"为职志，经术与文学合一，这当然也是科举制度发展的结果。不过比较起来，韩、欧、曾、王是古文与经术合一的。柳、三苏的思想并不纯粹。柳宗元有庄子、屈子的思想，苏洵、苏辙有纵横家的思想，苏轼参以佛老。

欧阳修一生嫉恶如仇，爱贤若渴。在政治上钦佩杜衍、富弼、范仲淹、韩琦几位贤臣。作《朋党论》，认为君子有朋党，以义为结合，是真朋党；小人以利结合，利尽则散，只是伪朋党。国君应该近君子党，斥小人之伪党。"朋党"并非恶名。当时政治斗争激烈，宰相擅权，往往借朋党之名，以排挤君子，故发如此论。欧阳修既景仰先辈，同时又为援引后进，不遗余力。古文家曾巩，笃道君子，出欧门下。王安石为曾巩同乡，欧阳修亦屡热忱予以奖掖。知贡举时，得苏轼卷，大为激赏，举为进士。欧阳修谓"吾当避此人出一头地"，许为将来文学第一人，在他自己之上。三苏皆与欧公善。北宋古文大家，称"欧曾王苏（三苏）"，而欧阳修实为领袖。

欧阳修是宋初古文运动的领导者。韩愈的古文主张和他首创的古文运动，直到欧阳修的大力提倡，而完成之。此后骈文只是成为通行之公文与应酬文字。欧阳修有深厚的思想感情，而出之以和婉流畅的散文风格。他比之韩愈，又自不同。韩愈深厚雄博，但尚喜用古字，造句奇崛，雄健有余而流畅不足；欧公虽写古文，而选用平易习用的词汇，更明白易懂。苏洵在其《上欧阳内翰第一书》一文作了比较：

> 韩子之文，如长江大河，浑浩流转，鱼鼋蛟龙，万怪惶惑，而抑遏蔽掩，不使自露；而人自见其渊然之光、苍然之色，亦自畏避，不敢迫视。执事之文，纡余委备，往复百折，而条达舒畅，无所间断，气尽语极，急言竭论，而容与闲易，无艰难劳苦之态。

欧阳修的古文运动，经历了两条战线的斗争，一方面反对骈四俪六的浮华的骈文，一方面也反对钩章棘句、艰涩险怪的文章。其知贡举时，痛抑钩章棘句派的士子。榜出，嚣薄之士，候修入朝，群聚诋斥之，街司逻卒不能止，至为发文投其家。但自是文风稍变。

欧阳修的山水文章，不单是纯粹的流连景物。有名的《醉翁亭记》，是一篇轻松愉快的抒情散文。全篇用"也"字为节奏，似乎是游戏之作，而非常自然，可代表欧阳修的散文风格。写了滁州山水，同时主要是写太守和人民"醉能同其乐"。《丰乐亭记》同为欧阳修做滁州太守时所作。两文内容并不徒流于风景之美，主题思想在于人民安乐（负者歌于途，行者休于树），能享小康的丰乐，然后刑省政闲，太守得以宴乐而享山水清福。与他主张的贤能政治有关，不失为贤太守的风度。《泷冈阡表》是他晚年在故乡泷冈为表父亲之墓而作的。主要以母亲平时所说他的父亲平素的为人，表扬父德。他的父亲是一位进士，历任州县判官、推官，宽厚有仁德；认真处理公事，决死囚狱，反复考虑，不愿枉死一人，爱护人民。因而有遗泽，使欧阳修得以享高官厚禄。这篇文章，虽是封建正统思想的忠孝观念，而感情真挚，是应该肯定的。

欧阳修的古文，善于布局。虽平易，实为经心之作。如《醉翁亭记》《丰乐亭记》《有美堂记》《相州昼锦堂记》，艺术性都强。《醉翁亭记》由滁说到山，山到峰，到泉，到亭，由大及小，然后谈山林的晦明变化，谈人，谈到太守宴，太守之乐反映滁州的太平无事。《丰乐亭记》述由乱到治，遗老尽亡，时代推移，归结于王化。《有美堂记》说山水与都会兼胜，惟杭州与金陵，而金陵荒废，独杭兼美。凡此皆宋人理路清楚，短文中有曲折布局，如山水画之美。有艺术性。在开创时代是新鲜的，后人学之便成为"古文笔法"的滥调了。

欧公长于史学。修《唐书》（与宋祁合作），修《五代史》，追慕司马迁，颇得《史记》笔力。他为朋友作墓铭、文集、诗写序、跋甚多，以表扬贤者。又搜集金石、铭刻，作《集古录》，开考古金石学之先风。其《集古录目序》及《六一居士传》（仿白乐天《醉吟先生传》）表现其晚年之志趣。

欧阳修除古文外，亦善诗赋。赋不多，有《鸣蝉赋》和《秋声赋》等，深于情，而风格流畅，亦间用散语，已开宋赋作风。诗反西昆体，学韩愈、白居易。其《水谷夜行寄子美圣俞》是一篇代表作。他在秋天，从汴京出发南行，开始十句描写秋日旅途风景，颇似陶、谢。下面转到怀念朋友，对苏、梅诗分别致叹赏及评论语。有比喻有议论，清切不肤泛，新鲜，不袭唐人。《啼鸟》诗是他在夷陵所作。贬于僻地，见春鸟乱鸣，感兴而作。描写许多鸟鸣，参差错落，极有风趣。其思想感情近白乐天，而语言不同。《食糟民》反映人民困苦生活，酿酒的人不能饱腹，反用酒糟来充饥。近白居易新乐府。其《赠杜默》诗云："子盍引其吭，发声通下情。上闻天子聪，次使宰相听。"其作诗主张同白居易。

《明妃曲》二首与《庐山高》是欧阳修平生最得意之作。他醉后谓其子云：诗《庐山高》，今人不能为，惟太白能之。《明妃曲》后篇太白不能，惟子美能之。至其前篇，则子美不能，惟吾能之也。今观《庐山高》虽造句奇峭，意思不平，不及太白远矣。惟《明妃曲》二首确为佳作。现将《明妃曲》二首与李、杜诗做一比较分析：

明妃曲和王介甫作

胡人以鞍马为家，射猎为俗。

泉甘草美无常处，鸟惊兽骇争驰逐。

谁将汉女嫁胡儿，风沙无情貌如玉。

身行不遇中国人，马上自作思归曲。

推手为琵却手琶，胡人共听亦咨嗟。

玉颜流落死天涯，琵琶却传来汉家。

汉宫争按新声谱，遗恨已深声更苦。

纤纤女手生洞房，学得琵琶不下堂。

不识黄云出塞路，岂知此声能断肠！

再和明妃曲

汉宫有佳人，天子初未识。

一朝随汉使，远嫁单于国。

绝色天下无，一失难再得。

虽能杀画工，于事竟何益。

耳目所及尚如此，万里安能制夷狄。

汉计诚已拙，女色难自夸。

明妃去时泪，洒向枝上花。

狂风日暮起，飘泊落谁家。

红颜胜人多薄命，莫怨春风当自嗟。

第一首叙明妃远嫁，以"风沙无情貌如玉"句致惋惜同情的情感。在西汉时国力强盛，呼韩邪单于来向汉表示归顺之意，故汉元帝以宫女遣嫁，表示和亲政策，联络感情。王昭君有美色，其远嫁匈奴的故事，成为诗歌、小说的题材。汉人与匈奴人生活不同，远离中原，女性是被压迫者、牺牲品，所以博得人民的同情。首先作《昭君曲》或《明妃辞》者有石崇的乐府，此后南北朝、唐代都有乐府辞，述昭君事。唐时有《昭君变》说唱变文。李白有《王昭君》二首，其第一首末云：

燕支长寒雪作花，蛾眉憔悴没胡沙。

生乏黄金枉图画，死留青冢使人嗟。

第二首末云：

今日汉宫人，明朝胡地妾。

杜甫《咏怀古迹五首》（其三）云：

群山万壑赴荆门，生长明妃尚有村。

一去紫台连朔漠，独留青冢向黄昏。

130

前两句咏昭君故乡。后两句中以"青冢"对"紫台"，与李白诗以"青冢"对"黄金"略同。李、杜诗均佳。因昭君既为众人作诗歌的通俗题材，写起来不易出色。而王安石、欧阳修咏昭君之诗，为宋诗中之杰作。均有深刻的说理与议论，为宋诗的特色。

欧阳修《明妃曲》第一首，多转折，愈转愈深。最后四句尤为创见。意思说，一般女子能弹昭君琵琶曲，而不能体会此曲悲哀情调。着重说明艺术是表现生活的，艺术不能脱离生活经验。惟有生活经验丰富，然后能体会艺术，表达出作者的感情来。第二首，初八句尚是泛写。"耳目所及"二句转入议论，议论精辟，亦是创造性见解。议论感慨，有老杜风格。批判汉元帝的糊涂，借以批判一般统治者的昏庸。后面再转入女色之不足恃，而慨叹于红颜薄命，立意均高。

此为和诗，故在此再与荆公原诗进行比较。王安石两首《明妃曲》意格高妙，更有创见：

明妃曲

一

明妃初出汉宫时，泪湿春风鬓脚垂。

低回顾影无颜色，尚得君王不自持。

归来却怪丹青手，入眼平生几曾有。

意态由来画不成，当时枉杀毛延寿。

一去心知更不归，可怜着尽汉宫衣。

寄声欲问塞南事，只有年年鸿雁飞。

家人万里传消息，好在毡城莫相忆。

君不见咫尺长门闭阿娇，人生失意无南北。

二

明妃初嫁与胡儿，毡车百辆皆胡姬。

含情欲语独无处，传与琵琶心自知。

黄金捍拨春风手，弹看飞鸿劝胡酒。

汉宫侍女暗垂泪，沙上行人却回首。

汉恩自浅胡自深，人生乐在相知心。

可怜青冢已芜没，尚有哀弦留至今。

"不自持"指禁不住见昭君之美而有所动于心。（参看《后汉书·南匈奴传》）意态画不成，枉杀毛延寿，比写人又深进一层，言女子之美在乎体态，非画工可以画出，毛延寿亦枉杀也。极写昭君之美，非画图可表。意思突出独立。最后君不见长门闭阿娇事，以慰昭君，亦慨叹于女性的一般薄命。女性为帝王所玩弄，即使长在宫中，也不免失宠。第二首中"黄金捍拨春风手，弹看飞鸿劝胡酒"，豪放。最后四句亦是介甫独发之议论，不同众人。谓汉帝既不能知昭君，薄待她，则恩情浅。昭君能见重于单于，则胡恩深。人心贵得知心，何分汉胡，远嫁也没有什么。人谓介甫，不近人情，发此类激烈的言论。这样说，在对祖国的感情上是说不过去的。不过后面"可怜青冢已芜没，尚有哀弦留至今"，以悲哀语作结，论昭君不幸之遭遇，并没有说昭君到匈奴后是得意的。此首大意同前首"人生失意无南北"语。

欧阳修诗近白居易，而开始变革，但不及梅圣俞、苏东坡之成熟。

欧阳修亦多作小词，与二晏并称"欧晏"。词集名《六一词》《醉翁琴趣外篇》。欧词继承花间一派婉丽作风，如《蝶恋花》数首。其中亦入《阳春集》，与冯延巳词混，不易辨明作者。欧词"六曲栏干偎碧树"（《蝶恋花》）、"庭院深深深几许"（《蝶恋花》）、"独倚危楼风细细"（《蝶恋花》）诸章，皆为名篇，情致缠绵。"衣带渐宽终不悔，为伊消得人憔悴""泪眼问花花不语，乱红飞过秋千去"皆深情语。

《踏莎行》结构极好。前半写行者，后半写居者。"离愁渐远渐无穷，迢迢不断如春水""平芜尽处是春山，行人更在春山外"，即景抒情，都达到思想性与艺术性结合的高度。

《六一词》中的《采桑子》若干篇，咏颍州西湖景物。写十二节令、七夕、重阳等景物，为时序小曲体。《渔家傲》咏荷花"年年苦在中心里"有古乐府风味。《浪淘沙》"把酒祝东风"篇，《浣溪沙》"堤上游人逐画船"篇中之"绿杨楼外出秋千"句，皆为名篇名句。"绿杨楼外出秋千"，"出"字见精神。清代徐釚《词苑丛谈》卷四云：李君实云晁无咎评欧阳永叔《浣溪沙》云，"'绿杨楼外出秋千'，只一'出'字自是后道不到处"。予按王摩诘诗'秋千竞出垂杨里'，欧公词总本此，晁偶忘之耶？

总之，欧阳词高雅婉丽，出于花间南唐风格。欧、晏词为北宋第一时期的词。欧公能自歌小曲，同时他的小词亦传唱于歌伎。

欧词一般写女性的多，较柔媚，似乎与"文以载道"的古文家身份相抵触。后来推崇他的人就辩解说这些词并非欧阳所作。

曾慥《乐府雅词·序》云：

> 欧公一代儒宗，风流自命。词章窈眇，世所矜式。乃小人或作艳曲，谬为公词。

又蔡絛《西清诗话》云：

> 欧阳修之浅近者谓是刘辉伪作。

《名臣录》也说：

> 修知贡举，为下第刘辉等所忌，以《醉蓬莱》《望江南》诬之。

这样的辩护是不必的。陶渊明高洁，有些悠然世外，但他写有《闲情赋》。这些不是什么玉瑕珠颣。在欧阳修当时，晏殊以刚峻见称，但词极柔弱纤媚；司马光和寇準那么耿介，他们的词也婉约而澹远。欧阳修写作这样的词自是不足为怪的。

王安石　浦江清

　　王安石（1021—1086），抚州临川（今江西临川）人，字介甫，晚年号半山，又封荆国公，学者称"王荆公"。政治改革家，亦是文学家。

　　父王益，在南北各地做州县官，官至都官员外郎。王安石在二十岁以前跟着父亲到过许多地方。

　　1042年，中进士。

　　1047年，任鄞县知县。（兴水利，贷谷于农民。）

　　1051年（？），任舒州通判。

　　1055—1056年，任群牧司判官。

　　1057年，任常州知州。（计划开浚一条运河，受阻未成。）

　　1058年，任江南东路提点刑狱。（建议罢除江南东路的榷茶法，为政府所采纳。）

　　1060年，任三司度支判官。上仁宗皇帝（赵祯）《万言书》，仁宗并没有十分理会他。以后他在神宗朝的政治措施，主要根据他《万言书》中的主张。宋仁宗朝，阶级矛盾和民族矛盾已经加深。庆历三年（1043年），沂州（山东临沂）军士王伦起事，宋王朝认为是心腹大患。七年（1047年）贝州军士王则利用宗教组织起义，和当地农民结合，声势浩大，都反映了阶级矛盾加深。同时对辽岁纳金帛，对西夏赵元昊常有战争（1034—1044），西夏疲惫，宋的损失更为惨重。王安石的改革政治经济政策是为了缓和这两个矛盾。

1063年，仁宗死。赵曙继位（英宗），受曹后牵制，不能有所作为。1067年宋神宗（赵顼）即位。赵顼还不满二十岁，有志改革，求富国强兵之道。他在东宫时即闻王安石之名，十分景仰。1069年请王安石入京，任参知政事。这一年，王安石四十九岁。

1069年，富弼任相，王安石出任参知政事。实行均输法、青苗法。

1070年，王安石、韩绛为相。

1074年，王安石求去，罢相知江宁府。韩绛为相，吕惠卿为参知政事。

1075年，王安石复相位，吕惠卿免职。

1076年，王安石免职，吴充、王珪任相。

王安石参政、执政（1069—1076）计七八年，所行均输、青苗、农田水利、募役、市易、方田均税、保甲等一系列新法是为了解决当时尖锐的阶级矛盾，抑制兼并，抑制大地主、大商人的利益，保护中小地主、农民的利益，增加国家收入，增强边防力量。新法虽行，但遭到代表大地主大官僚利益的保守派元老们的攻击与不合作，而执行上也未尽善，不能达到预期效果，朝野提出非难。反对者有富弼、韩琦、文彦博、司马光等人。帮助执行新政的有吕惠卿、章惇、苏辙等，而吕惠卿暗中又排挤王安石，苏辙亦反复，转向反对党阵营中。

宋神宗任用王安石，但他本人也是代表大地主利益的，他主要关注的是朝廷多收入，与王安石的改革主张也有距离。所以安石终于不安其位，1076年再次罢相，仍返江宁。

王安石罢居江宁城外，去钟山一半路途中，营建几间屋宇，成为小小家园，取名半山园，作经学著作及《字说》，写诗很多。

王安石罢相后，由王珪、吴充、章惇、蔡确、蒲宗孟、王安礼等人参政执政，继续推行新政，到1085年赵顼死。他的儿子赵煦继位，是为哲宗。赵煦还不满十岁，由母高氏临朝听政，起用反对新政最力的司马光、吕公著、文彦博，于是新政陆续罢却。

王安石在1084年曾得大病（捐半山园作为寺，搬进江宁城内住），1085年神宗死，大为哀悼。听到司马光入相，担心新政被罢，以手抚床，高声叹息。此后听到保甲、市易、方田均税法等一一罢免，尚默不作声。1086年春，募役法罢，差役法恢复，王安石十分愤恨，病体更受打击，忧愤而卒。

王安石是古文名家，他也佩服韩愈、欧阳修的文章。早年与曾巩交游甚密。曾巩常与欧阳修谈及，欧阳修深重其人，殊为推奖。

王安石的思想是以孔孟为正统的儒家思想，不过并非一个迂儒。他早年及中进士后，常在外方州县，了解社会现实情况。一方面推崇《周礼》《孟子》，一方面结合当时社会经济的情况提出改革主张。王安石的学术著作和散文中都表示了他的儒家思想观念，并且对先秦诸子中的几家有所批评。他的文集里有《荀卿》《杨墨》《老子》《庄周》（上、下二篇）诸篇。他批评荀子"载孔子之言，非孔子之言也"。认为荀卿不合圣人之道（与韩愈态度相同）。批评杨墨得圣人之一，而废其百者也。由杨子之道则不义，由墨子之道则不仁。其论老子曰：道有本有末。本者，万物之所以生，出之自然；末者，万物之所以成，涉乎形器。故待人力。老子以涉乎形器者皆不足言、不足为也，故抵去礼、乐、刑、政而唯道之称焉。是不察于理而务高之过矣。其论庄子曰：先王之泽至庄子时竭矣。庄子岂不知圣人哉，惟矫枉过正。

王安石愿做政治家与事业家，不愿做空泛的文学家。欧阳修有诗赠他，曰："翰林风月三千首，吏部文章二百年。老去自怜心尚在，后来谁与子争先。"以李白、韩愈做终身楷模。而王安石在《奉酬永叔见赠》诗中答云："欲传道义心犹在，强学文章力已穷。他日若能窥孟子，终身何敢望韩公。"言下似不以韩公为模范。他在《韩子》一诗里说韩愈"力去陈言夸末俗，可怜无补费精神"。对韩愈亦有微词，嫌其作空文太多。盖荆公一生以政治家自命，欲近孟子，不欲托空文以自见也。

王安石的古文，议论峭刻，根柢经术。风格如断岸千尺，绝无浮华。他说，作文有本意，如左右逢源（用孟子语），不必重文辞。"所谓文者，务为有补于世而已矣；所谓辞者，犹器之有刻镂绘画也。诚使巧且华，不必适用；诚使适用，亦不必巧且华。""然容亦未可已也，勿先之其可也。"（《上人书》）大文章以《上仁宗皇帝言事书》为代表作，洋洋万言，提出了"改易更革"的主张。简短而又议论深刻的文章如《进说》和《材论》。前者攻击当时的科举制度重视诗赋，并不能得到才德之士，指出取士之法度与士之才德中间的矛盾。王安石主张用古道，重士之才德，主张废科举而兴学校教育。后者攻击统治者之不欲求人才，说明天下并非没有人才，在乎人君能求，能试用。文章层层深入，扫尽浮华，议论精到。

王安石的散文抒情意味少，即使如《游褒禅山记》这样的游记，也是借物言志，借物议论和说理，说明一种勇猛精进、百折不回的道理，以自警，同时希望此中道理有补于世也。可以喻学，可以喻政。短篇文如《伤仲永》着重言天才之不足恃，惟教育为重要。《读孟尝君传》评孟尝君不能得人才，只能得鸡鸣狗盗之徒。皆精辟，有独见。《答司马谏议书》，对司马光"侵官、生事、征利、拒谏"的指责，据理以答，说明道不同，所操之术异，故意见不合，短而有力。

王安石以古文的笔调来写诗，格调高古，接近韩愈和欧阳修。荆公亦为不满杨亿、刘筠的西昆体者。多写古诗，用古文笔调，风格甚高。他从韩愈入，亦同欧阳修一派，亦欣赏梅圣俞。集中有《哭梅圣俞》诗，而叹惜于圣俞之终于穷困。前引荆公《韩子》诗有"力去陈言夸末俗，可怜无补费精神"句，似是对韩有所不满。但"力去陈言"用退之《答李翊书》中语"惟陈言之务去"；"可怜"句即退之《赠崔立之》诗中"可怜无益费精神"一句，惟改"益"为"补"。而荆公之古文及诗，皆受韩愈影响，无庸讳言。

《登飞来峰》云："飞来山上千寻塔，闻说鸡鸣见日升。不畏浮云遮望眼，自缘身在最高层。"可见其立身之高，见识之卓，不为他人所蔽。王安石还有直接议论的诗，如《兼并》，以诗申说自己的政治主张。指出阶级矛盾，感之"三代子百姓，公私无异财"，而归结"俗儒不知变，兼并可无摧"。他所主张的新法，即为抑制兼并而设，但因积重难返，还不能采取平均土地的措施。《省兵》一首也是在诗中发议论，而《拟寒山拾得》是在诗中讲佛理。这样的倾向在王安石诗中是较明显的，所以《宋诗钞》的编者说道："独是议论过多，亦是一病尔。"

王安石的诗有许多爱融改前人成句。如改苏子卿诗"只言花似雪，不悟有香来"（《梅》）为"遥知不是雪，为有暗香来"。改李白"白发三千丈"为"缲成白发三千丈"。改王籍"鸟鸣山更幽"为"一鸟不鸣山更幽"。改王维"轻阴阁小雨，深院昼慵开"（《书事》）为"山中十日雨，雨晴门始开"。改陆龟蒙的"殷勤与解丁香结，从放繁枝散诞香"为"殷勤为解丁香结，放出枝头自在香"等。有的改得好，有的改得差。

王安石喜欢唐诗，曾编选有《唐百家诗选》。他有许多集唐人句的诗。《梦溪笔谈》云："荆公始为集句诗，多者至百韵，皆集合前人之句，语意对偶，往往亲切过于本诗。"这本来是文字游戏。他作词也集句，如《菩萨蛮》：

数间茅屋闲临水，窄衫短帽垂杨里。花是去年红，吹开一夜风。

娟娟新月偃，午醉醒来晚。何物最关情？黄鹂三两声。

王安石的古风，有名的如《桃源行》《明妃曲》。《桃源行》向往于劳动人民自由的、独立的、不受统治阶级剥削的社会。"虽有父子无君臣"，指出阶级社会为人类痛苦的根源，表现他的理想。王维的《桃源行》是杰作，但只是铺叙《桃花源记》，还杂有求仙思想。荆公此首从阶级矛盾方面着眼，更接触到本质问题。代表他在诗歌方面杰出成就的是《明妃曲》二首，议论独到，诗意不凡，为大诗家手笔。为与欧阳修和诗作比较，已引用分析，此不赘述。

王安石的律诗，用字工稳。如"紫苋凌风怯，青苔挟雨娇""草长流翠碧，花远没黄鹂"。在五律里常常爱用叠字，如"天质自森森，孤高几百寻""莽莽昔登临，秋风一散襟"。一般律诗的对偶都是很贴切的。叶梦得《石林诗话》曰："荆公诗用法甚严，尤精于对偶。"如《九日登东山寄昌叔》中有"落木云连秋水渡，乱山烟入夕阳桥"，《次春节答平甫》中有"长树老阴欺夏日，晚花幽艳敌春阳"。

荆公绝句气韵佳绝。他晚年居金陵十年中，诗的风格趋于闲淡自然，有"舒闲容与之态"，音调自然，内容恬淡。那时他在金陵钟山谢公坡筑室而居，自号半山，写了很多优美的闲适诗。"备众体，精绝句"。（《寒厅诗话》）如《北山》中"细数落花因坐久，缓寻芳草得归迟"，表达舒闲容与的心境。《书湖阴先生壁》中"一水护田将绿绕，两山排闼送青来"，新奇而自然。《钟山即事》："一鸟不鸣山更幽。"《梅花》："墙角数枝梅，凌寒独自开。遥知不是雪，为有暗香来。"《南浦》："南浦随花去，回舟路已迷。暗香无觅处，日落画桥西。"《江上》："江水漾西风，江花脱晚红。离情被横笛，吹过乱山东。"皆入唐人意境。所以，黄鲁直说："荆公之诗，暮年方妙。""荆公暮年作小诗，雅丽精绝，脱去流俗，每讽味之，便觉沉灈生牙颊间。"（《后山诗话》）叶梦得说："王荆公晚年诗律尤精严，造语用字，间不容发，然意与言会，言随意遣，浑然天成，殆不见有牵率排比处。""晚年始尽深婉不迫之趣。"（《石林诗话》）

王安石也写词，以《桂枝香》最有名，系金陵怀古之作，颇肃练而有气魄。《词林记事》卷四引《古今诗话》："金陵怀古，诸公寄调《桂枝香》者三十余家，独介甫为绝唱。东坡见之叹曰：此老乃野狐精也。"

王安石的词集叫《临川先生歌曲》，一卷，《补遗》一卷。

王安石有《临川集》一百卷，《宋史》卷三百二十七有传。

苏轼的诗 浦江清

谈到诗，一般人都推崇唐代，推崇李、杜。我们说，唐代之后，李、杜之后，也还有诗，有诗人。宋代的诗歌是有它的成就的。北宋的大诗人是苏轼，南宋的大诗人是陆游。

宋初，欧阳修、梅尧臣和王禹偁的诗，已开宋诗的新面貌。诗里有议论，有散文化的倾向，语言比较朴素。他们可以说是宋诗的先驱者。他们的诗和唐诗不同，但在风格上还接近唐代，由韩愈、白居易变来。真正能代表宋诗面貌的是苏轼。苏轼在诗歌方面超过了欧阳修，为北宋的代表性诗人，有特殊的成就。

苏轼的诗，数量多，超过了李白、杜甫，内容丰富，风格多变化，其题材丰富、广阔。有反映社会生活的诗，有描写山水、人物、动植物的诗，有朋友赠答、记述生活琐碎的诗。兼长古诗与律诗，也兼长描写、抒情、说理三方面的技巧。

反映人民生活和社会矛盾的诗，如作于湖州任上的《吴中田妇叹》。湖州本来物产丰富，但人民深受残酷的剥削，生活是很痛苦的。此年多雨，年收不好，"眼枯泪尽雨不尽，忍见黄穗卧青泥"。后来天晴了，能够有些收获，载米入城，而米贱，"汗流肩赪载入市，价贱乞与如糠粞"，不能不"卖牛纳税拆屋炊"，而"官今要钱不要米"。当时西北有战争，"西北万里招羌儿"，而朝廷上多酷吏，"龚黄满朝人更苦"。结句是"不如却作河伯妇"，田妇走投无路，只有投河自尽了。这首诗曲折地写出太湖流域农业生产力最高的地区农民的痛苦生活，和梅尧臣等的诗的作风相同。《戏子由》一诗，很深刻地述说做官之人和人民对立的苦衷，诉说他做官鞭棰小民的自疚。《山村五绝》讽刺盐法与朝廷新法在执行中的为民之害。原有五首，其中三首讽刺时政。第一首说盐法太严，使民铤而走险，结伙伴，贩私盐，持刀械，与官为敌；第二首说官盐太贵，使民吃不起盐；第三首说放青苗钱农民不得实惠，而农民常因事进城，小孩们也常住城中，荒了农事。苏辙为苏轼写的《墓志铭》中说："见事有不便于民者，不敢言……托事以讽，庶几有补于国。"这类便是"托事以讽"的例证，都有现实意义的。这与白居易的讽喻诗同一作用，但苏轼这类诗歌并不多。

《于潜女》是一首人物描写的诗，写农村妇女之美，非常生动可爱。

苏轼在黄州东坡，曾躬耕其中，垦辟之劳，筋力殆尽。曾作《东坡八首》，又种蜀中元修菜种子于东坡，作《元修菜》诗。在儋耳时有《籴米》诗："不缘耕樵得，饱食殊少味。再拜请邦君，愿受一廛地。知非笑昨梦，食力免内愧。"

以上诗均可表现他热爱人民、重视和关怀劳动人民，自己亦爱好劳动的思想感情。

其次，是他的山水诗。苏轼喜欢自然，他热爱祖国各个地方的山川、人物、风俗，随遇而安。描写山川风景，尤为其特长。有许多自然奔放的山水记游诗，如《游金山寺》《游白水山》《百步洪二首》《游径山》《出峡》《巫山》等。苏轼山水诗的特色，是在诗中写人物，发议论，是写山水的动态（王维的山水诗写山水的静境）。他每到一个地方，就爱上这个地方，他爱自己的故乡四川，也爱他到过的杭州、颍州、黄州、惠州、琼州的儋耳。《游金山寺》，写长江边的落日与黄昏景物。《六月二十七日望湖楼醉书五绝》写西湖边的风景、物产、"游女""吴儿"，极其美好，令人神往。他贬官到儋耳。那里的生活很苦，他还以得见海岛风光为幸。他在赦回渡海时还写诗道："九死南荒吾不恨，兹游奇绝冠平生。"（《六月二十日夜渡海》）可以见出他的达观的人生观，亦可见出他对自然山川的喜爱。苏轼并非单爱自然景物，且爱乡土人物。在儋耳时亦与黎族百姓来往。有《被酒独行，遍至子云、威、徽、先觉四黎之舍三首》。此外，夜中闻邻家子弟读书声，引起他极大的兴趣，特地去看视，极为欣喜，作诗记之。（《迁居之夕闻邻舍儿诵书欣然而作》）

苏轼对于草木、禽兽也是喜好的，还有许多有关饮食的诗（如饮茶诗、豆粥诗等），足见他对生活强烈的爱。不是消极厌世，而是乐观爱物的。

苏轼笃于友情，尤其对于子由，兄弟之爱最深，他有"我年二十无朋俦，当时四海一子由"之句。和子由在一起时，常常作诗，表示他们的归楫之愿。但因宦游，他们之间是会少离多，以不得早偿归田之约为憾。每见面必留连数日，别后则随时书诗酬答，永无间断。苏轼于与子由诗中最亲切倾诉他的衷怀。此外，苏轼笃于交游，对长辈如欧阳公、张方平始终敬仰。其友好有孙觉、王巩、文同、王晋卿、赵德麟、李常、黄庭坚、秦观等，常酬答作诗，诙谐说理，如谈吐然。

苏轼爱好艺术，他自己工书画，有许多题画诗，如《书王定国所藏烟江叠嶂图》，是一篇自然奔放的七古名作。（此画为苏轼友人王晋卿所作。）又如为名僧惠崇的春江晚景图的题诗《惠崇春江晚景二首》之一，"竹外桃花三两枝，春江水暖鸭先知。蒌蒿满地芦芽短，正是河豚欲上时"亦是名篇。韩干善画马，文同善画竹，他也有题诗。他精通艺术理论，有许多吟咏吴道子画的诗，对王维、吴道子的画有精辟的评赞。

历来对苏诗评家众多。如沈德潜云："苏子瞻胸有洪炉，金银铅锡，皆归熔铸；其笔之超旷，等于天马脱羁，飞仙游戏，穷极变幻，而适如意中所欲出，韩文公后，又开辟一境界也。"（《说诗晬语》卷下）

赵翼云："大概才思横溢，触处生春，胸中书卷繁富，又足以供其左旋右抽，无不如志。其尤不可及者，天生健笔一枝，爽如哀梨，快如并剪，有必达之隐，无难显之情：此所以继李、杜后为一大家也。"（《瓯北诗话》卷五）

结合两家的评论，我们来分析一下苏诗的特点：

一、题材的丰富。苏轼博学多能，他代表他的时代文学修养极高的文人。于经史子集、释道经典，无所不窥，加以到处宦游，生活经验丰富，所以他的诗也包罗万象，内容丰富。山川名胜、草木鸟兽，都有题咏，为李、杜以后的一大家。沈德潜所谓"金银铅锡，皆归熔铸"是也。题材和博物知识只是原料，"熔铸"是艺术的处理。他以诗人的观点、诗人的感受了解和表现世界与人生。

二、能达。苏轼以为文学要"达"。他说："孔子曰：'言之不文，行而不远。'又曰：'辞，达而已矣。'夫言止于达意，即疑若不文，是大不然。求物之妙，如系风捕影；能使是物了然于心者，盖千万人而不能一遇也，而况能使了然于口与手者乎！是之谓辞达。辞至于能达，则文不可胜用矣。"（《与谢民师推官书》）苏轼诗歌纵横曲折，无不能达。正如赵翼谓"天生健笔一枝，爽如哀梨，快如并剪，有必达之隐，无难显之情"就是说他的诗能够爽快达意，达他人所不能达者。苏轼云："某平生无快意事，唯作文章。意之所到则笔力曲折，无不尽意，自谓世间乐事，无逾此者。"（何薳《春渚纪闻》所引）东坡虽然在说他的文，也可以论到他的诗。他的诗也是笔力曲折，无不尽意，大概以散文的风格写诗。用散文的作法写诗，是宋诗的一个特点。这个特点远从韩愈开始，配合古文运动的发展延续下来。所以宋诗多议论、多说理。苏诗以说理、议论畅达见长。不过诗到底和散文不同，散文纯用论辩逻辑达意，而诗之达在"求物之妙，如系风捕影"。并不只是形似，而是要表达出其精神实质，所以他吟咏山水、人物，都能表现出神韵与动态。他以为最善者能体贴物情，畅达物情，如"竹外桃花三两枝，春江水暖鸭先知"，寥寥数字，生动有致，可谓善于体贴物情，是一种达。"三过门间老病死，一弹指顷去来今"，十四字达尽感慨之情，深入浅出。"有如兔走鹰隼落，骏马下注千丈坡"，借用修辞手段写水一泻千里奔放之势，也是一种达。达不只是达意，不但在说理方面。在抒情、描写方面都求达，即是表现力。即以语言作为工具而表现物象、表现情绪、表现思想的意思。

三、多妙悟。苏轼诗多妙悟，含哲理，有理趣。他以诗人的眼光、诗人的感受能力观察世界，了解人生生活，有许多妙悟。例如："横看成岭侧成峰，远近高低各不同。不识庐山真面目，只缘身在此山中。"（《题西林壁》）在山景的形象描绘中寄寓着耐人寻味的理趣，实精辟妙悟之言。"人生到处知何似，应似飞鸿踏雪泥。泥上偶然留指爪，鸿飞那复计东西。"（《和子由渑池怀旧》）以鸿飞来比人生之际遇，这就并非诉诸感情，而是托于哲理了。苏轼主张自我解放，游于物外。他对于艺术包括诗的见解，不以求形似为满足，而要"得自然之数，不差毫末，出新意于法度之中，寄妙理于豪放之外"。他推崇吴道子，更赞扬"摩诘得之于象外"。得于象外，便能够自由解放。沈氏所谓"等于天马脱羁，飞仙游戏"，即是诗意不受题材拘束，能求得象外的真理，而妙悟也须如此。宋诗使人悟理，唐诗动人感情。我们读苏诗，获得许多智慧。"自言静中阅世俗，有似不饮观酒狂。""吾虽不善书，晓书莫如我。苟能通其意，常谓不学可。"凡此均似得道言者，其所谓道，即象外、物外、超旷之道，亦即庄子之道。而此道与诗相通，与书画艺术亦相通也。

苏轼观物之妙，求物之妙，于日常现实生活的小事物中，发挥其人生哲学，于诗中往往发出其对事物的妙悟，也就是深微的理解。苏诗亦多议论，并不干枯，而是高超旷达的。他用艺术家的态度，爱好人生，摆脱功名富贵的追求，引导读者爱好自然与艺术。

四、善比喻。苏诗长于比喻，且立意新奇，不落前人窠臼。前述《题西林壁》以观庐山整体设喻，寓发新意。《和子由渑池怀旧》以"雪泥鸿爪"喻人生境遇，已成千古绝唱。苏轼有许多写西湖诗作，如"欲把西湖比西子，淡妆浓抹总相宜"，十分通俗、亲切，千百年来成为吟西湖的定评之作，再如"春风如系马，未动意先骋。西湖忽破碎，鸟落鱼动镜""微风万顷靴纹细，断霞半空鱼尾赤""船上看山如走马，倏忽过去数百群""岭上晴云披絮帽，树头初日挂铜钲"。有静看，有动观，山如马，湖如镜，晴云如絮帽，初日如铜锣，喻意贴切，栩栩如生。再看《百步洪》诗中"长洪斗落生跳波，轻舟南下如投梭。水师绝叫凫雁起，乱石一线争蹉磨。有如兔走鹰隼落，骏马下注千丈坡。断弦离柱箭脱手，飞电过隙珠翻荷"，诗中一连串的生动比喻也令人赞叹不已。

五、诙谐。有人说苏轼"嬉笑怒骂皆成文章"。苏轼的人生观是达观主义的，他襟怀旷达，写起诗来"触处生春"，妙语诙谐。石苍舒喜欢写字，筑醉墨堂，日夕学书，草书颇有成就，请苏轼作诗论书法。苏轼送他诗曰："人生识字忧患始，姓名粗记可以休。"借项梁告诫项羽书不足学的故事幽默地开了头，诗结尾说"不须临池更苦学，完取绢素充衾裯"。又很风趣地说，不须像张芝那样在绢帛上苦练书法，可以用绢来作被褥。苏轼以花甲之年谪居海南之儋耳，难得肉食，人很清瘦，得知同遭贬谪的弟弟人也很瘦，于是作《闻子由瘦》一诗云："海康别驾复何为？帽宽带落惊童仆。相看会作两臞仙，还乡足可骑黄鹄。"达观坦然，机趣横生。

六、多用典故。苏轼读书极博，作诗"我诗写我口"，譬如说话一样。因其书卷功夫深，谈吐自雅，多用典故，长人知识。苏轼博学多才，历史掌故、博物知识在诗中运用自如，有书卷气，正如赵翼所谓"胸中书卷繁富，又足以供其左旋右抽，无不如志"。

宋人多读书，因此作诗善用典故，而摆脱声色，即宋诗比唐诗朴素，不尚声调铿锵与对偶工整、色彩绚烂的风格，同时却以书史典故充实其间，使不浅俗。苏、黄此类作风尤甚。

东坡不能饮酒，所以和李白的醉酒高歌不同，和陶渊明也不一样。同时因为多谈时事怕遭祸，所以他的诗与杜甫的又不同。没有杜甫结合时代大事的忧愤牢骚，也没有李白那样放浪。他的诗在平凡的生活里，触发许多人生的智慧，切合人情，此所以对于后人的影响特大。

苏诗也有缺点：一、说意太尽，缺乏含蓄蕴藉之致（太求达意）；二、议论多，诉诸理智，则感情不足；三、用典太多；四、多步韵诗，连篇累牍，太轻易。有佳句，不能全篇都好。

黄庭坚与秦观 浦江清

黄庭坚（1045—1105），江西分宁人。字鲁直，尝游潜水山谷寺，乐其林泉之胜，自号山谷道人。又过涪州，又号涪翁。进士出身，做过江西太和知县，后移监德州德平镇。后直史局为起居舍人。宋徽宗时贬元祐党人，被贬为涪州别驾，安置黔州①，后又移戎州②，最后贬到宜州③并卒于宜州。年六十一岁。

苏轼很推崇他，说他的诗"超逸绝尘，独立万物之表，世久无此作"。推崇得有些过分。黄庭坚自谦，以为不如苏轼："我诗如曹邻，浅陋不成邦。公如大国楚，吞五湖三江。"他为诗文，力避浅俗，追求高古。后人讲宋诗，往往"苏黄"并称。"蜀、江西君子以庭坚配轼，故称'苏黄'。"（见庭坚《本传》）

黄庭坚的诗，无论在内容的丰富和形式的完美上，都远不如苏轼的，题材也不及苏诗广。山谷诗工力深，他长于五古与七律。刻意学古，去陈反俗，好奇尚硬。律诗喜用拗体，有特殊的

---

① 今重庆彭水东北郁山镇。
② 今四川省宜宾西南。
③ 今广西壮族自治区河池市宜州区。

风格。他又有"脱胎换骨"的艺术手腕。他说："不易其意而造其语，谓之换骨法；窥入其意而形容之，谓之夺胎法。"（惠洪《冷斋夜话》）换骨是意同语异，用前人的诗意，再用自己的言语出之；脱胎是因前人的诗意而更深刻化，造成自己的意境。总之是在摹拟中求创造，推陈出新。

黄庭坚有《登快阁》一诗，是诗人做太和县知县时所作：

> 痴儿了却公家事，快阁东西倚晚晴。
>
> 落木千山天远大，澄江一道月分明。
>
> 朱弦已为佳人绝，青眼聊因美酒横。
>
> 万里归船弄长笛，此心吾与白鸥盟。

诗人以痴儿自比。《晋书·傅咸传》云："生子痴，了官事，官事未易了也，了事正作痴，复为快耳。"柳子厚有"木落寒山静，江空秋月明"的诗句，"落木"句系变化而来。"朱弦已为佳人绝"，用钟子期伯牙事，不知谓谁。

黄庭坚《送王郎》一诗作于元丰七年（1084年）。王郎，王世弼，山谷之妹婿。诗中云："江山万里俱头白，骨肉十年终眼青。"《山谷诗集注》说："山谷此对，极有妙处，前辈多使之。老杜云：'别来头并白，相对眼终青'。东坡云：'读书头欲白，相对眼终青。'又曰：'身更万事已头白，相对百年终眼青。'又曰：'看镜白头知我老，平生青眼为君明。'又曰：'故人相见尚青眼，新贵如今多白头。'又曰：'江山万里将白头，骨肉十年终眼青。'其用'青眼'对'白头',非一,而工拙各有异耳。"
后有"炒沙作糜终不饱"一句,《山谷诗集注》引《楞严经》曰:
"若不断淫修禅定者如蒸砂石欲成其饭,经百千劫只名热砂。
何以故?此非饭,本砂石成。"不甚贴切。"要须心地收汗马"
一句,《集注》"谓道义战胜胸中开明,乃晓然见圣贤用心处"。
按:此处疑即孟子求放心之意。"有弟有弟力持家"一句,疑此
处弟乃女弟之意,即山谷之妹、王郎之妻也。元丰八年(1085
年),山谷有《寄黄几复》一首:

> 我居北海君南海,寄雁传书谢不能。
>
> 桃李春风一杯酒,江湖夜雨十年灯。
>
> 持家但有四立壁,治病不蕲三折肱。
>
> 想得读书头已白,隔溪猿声瘴溪藤。

此诗原注乙丑年德平镇作。山谷元丰六年癸亥自太和移监德州德
平镇。"我居北海君南海"二句,《山谷诗集注》云:"山谷尝有跋
云:'几复在广州四会,予在德州德平镇,皆海滨也。'……《左
传》曰:'君处北海,寡人处南海,惟是风马牛不相及也。'刘禹
锡诗:'谪在三湘最远州,边鸿不到水南流。'""桃李春风一杯
酒,江湖夜雨十年灯。"《山谷诗集注》云:"两句皆记忆往时游
居之乐。今既十年矣。《晋书·张翰传》曰:'使我有身后名,不
如即时一杯酒。'""持家但有四立壁,治病不蕲三折肱。"《山
谷诗集注》云:"《汉书·司马相如传》曰:'家徒四壁立。'《左

传》齐高彊曰：'三折肱知为良医。此借用言其谙练世故，不待困而后知也。'"

载于《山谷诗集注》卷四之《奉和文潜赠无咎，篇末多以见及，以既见君子云胡不喜为韵》八首工力遒劲，可为代表作。

朱弁《风月堂诗话》云：山谷以昆体工夫，造少陵境界。

魏泰中说：黄庭坚喜作诗得名，好用南朝人语，专求古人未使之事，又一二奇字，缀葺而成诗。

吕居仁云：读东坡诗，如读《庄子》，令人意思宽大，敢作；读鲁直诗如读《左传》，使人入法度，不敢容易。

山谷好用他人所未使之事，找寻僻典，其结果他的诗意境很新，而不免有艰深之病。与苏轼的不同：山谷诗高古艰深，苏轼诗平易自然；山谷近杜、韩，苏轼近韩、白（兼容李、杜）；山谷深，苏轼大；山谷讲究结构章法，苏轼自由奔放。

苏轼不仅推崇山谷，也偶效其体作诗。其《送杨孟容》诗云：

> 我家峨眉阴，与子同一邦。
>
> 相望六十里，共饮玻璃江。
>
> 江山不违人，遍满千家窗。
>
> 但苦窗中人，寸心不自降。
>
> 子归治小国，洪钟噎微撞。
>
> 我留侍玉堂，弱步欹丰扛。
>
> 后生多高才，名与黄童双。

> 不肯入州府，故人余老庞。
>
> 殷勤与问讯，爱惜双眉厖。
>
> 何以待我归，寒醅发春缸。

山谷云："子瞻诗句妙一世，乃云效庭坚体，盖退之戏效孟郊、樊宗师之比，以文滑稽耳。恐后生不解，故次韵道之。"诗曰：

> 我诗如曹邻，浅陋不成邦。
>
> 公如大国楚，吞五湖三江。
>
> 赤壁风月笛，玉堂云雾窗。
>
> 句法提一律，坚城受我降。
>
> 枯松倒涧壑，波涛所舂撞。
>
> 万牛挽不前，公乃独力扛。
>
> 诸人方嗤点，渠非晁张双。
>
> 但怀相识察，床下拜老庞。
>
> 小儿未可知，客或许敦厖。
>
> 诚堪婿阿巽，买红缠酒缸。

秦观对黄庭坚诗也颇称赞。山谷编所作诗，自名以《蕉尾》《弊帚》。少游云："每览此编，辄怅然终日，殆忘食事，邈然有二汉之风。今交游中以文墨称者，未见其比。所谓珠玉在旁，觉我形秽也。"（《王直方诗话》）

惟山谷诗有极大的影响，开江西诗派。江西诗派之名，起于南宋。吕本中作《江西诗社宗派图》，列了陈师道、潘大临、谢逸、僧祖可、韩驹等廿五人，其中绝大多数是江西人。谓其诗均出于山谷，以山谷为祖师，老杜为远祖。江西诗派诗人的诗风古硬，讲求炼字、工整，他们反对西昆体，但矫枉过正。江西派诗人以陈师道（1053—1102）和谢逸（？—1112）较有名。

清末民初陈三立（《散原精舍诗》）为江西诗派之末裔。

黄庭坚、陈师道的诗，本来有其好处，也有名句。但爱用僻典和拗律。

黄庭坚也写词，有《山谷词》一卷。但他主要是诗人。

秦观（1049—1100），字少游、太虚，扬州高邮人。元祐初为太学博士，后又任国史院编修。后贬官到过处州、郴州、横州、雷州，卒于藤州。有《淮海集》四十卷、《后集》六卷、《淮海词》一卷（《宋六十名家词》本，八十余首），又名《淮海居士长短句》，有《彊村丛书》本，凡三卷。

秦观是词人，年少有才华。他的词婉约柔和近似柳永，但比柳永高雅，近似晏、欧，是词的"正宗"。属婉约一派，融欧、晏、柳、苏风格，自成一体。他的词多写男女的相思离别，风格清丽。又因他际遇坎坷，不胜天涯谪戍之思，词中就有一种凄婉哀怨的情绪。代表作有《满庭芳》"山抹微云"、《黄金缕》"妾本钱塘江上住"等。

与苏轼同时的还有赵德麟，很风雅，也能填词。他的《商调蝶恋花》咏《会真记》故事，发展为后来的《西厢记》。

陆游 浦江清

陆游的生平

陆游（1125—1210），字务观，号放翁，祖籍越州山阴（今浙江绍兴）。南宋代表性诗人，也是我国第十二世纪之代表诗人（前一世纪以苏轼为代表）。陆游比辛弃疾大十五岁。他二三岁时，即遭遇靖康之变。生于忧患，死于忧患，终生不忘恢复中原。为爱国诗人的代表。有《剑南诗稿》（诗九千余首）、《放翁词》（均收入《四部备要》）及《渭南文集》（收入《四部丛刊》）。

陆游生平，分四个阶段叙述。

1．1125—1157：青年时期。

祖父陆佃，有名的语言文字学家；父陆宰，也是一位文人，以直秘阁的职衔，做着权发遣淮南计度转运副使公事。其家居河南荥阳。陆游生于淮上，未满三岁，东京沦陷。其家人避难南下，先至寿春，后回山阴，又迁东阳居三年，最后定居山阴。陆游幼年，在东阳及山阴度过。生长于文学家庭，又接触其父执辈谈中原乱离，濡染爱国思想，十二岁即能诗文。十三岁，喜读陶渊明诗。十六岁，至临安。十七八岁，始学作诗，读王维诗最熟。十九岁，又至临安，试南省。

十八九岁，娶表妹唐琬为妻，感情甚笃。而唐氏不得于其姑，唐氏出而另居，陆游时往，终于为其母所恶，离异。唐氏改嫁宗室赵士程（同郡人）。游春日出游相遇于禹迹寺南之沈园。唐以语赵，遣致酒肴，游为赋《钗头凤》词：

红酥手，黄滕酒，满城春色宫墙柳。东风恶，欢情薄。一怀愁绪，几年离索。错！错！错！

春如旧，人空瘦，泪痕红浥鲛绡透。桃花落，闲池阁。山盟虽在，锦书难托。莫！莫！莫！

是年为1155年，陆游年三十一岁，时已续娶王氏。

游以荫补登仕郎，二十九岁赴锁厅试，陈阜卿为考试官，得其卷，大异之，擢置第一。时秦桧孙埙以右文殿修撰来就试，欲列首荐不得，桧深衔之。三十岁（1154年）试礼部，主者复置游于前列，为秦桧所黜。（先荐送第一，秦桧孙埙居次，遂为桧所抑。又说陆游论中主恢复，故为桧所忌。）未中进士，下第还乡。

1155年11月，作为江西派诗人之一的曾几做提点浙东刑狱。陆游从他游。1156年曾几改知台州，遂别。此两年陆游作诗必受曾几影响。后人谓陆游诗出江西诗派者以此。

2. 1158—1169：出仕时期。

秦桧已死。陆游除右迪功郎，福州宁德县主簿。后至临安，

158

除敕令所删定官。1162年，孝宗即位，除枢密院编修官，以史浩、黄祖舜荐孝宗召见，赐进士出身。翌年，为镇江府通判。1163—1165年，张浚督师图恢复，陆游支持张浚之北伐计划，并与其子张栻（敬夫）友善。张浚北伐军初节节胜利，李显忠屡败金人。其后，诸将不和，李显忠被迫退军，致有符离之败。于是和议派又抬头，孝宗气馁，订了屈辱的隆兴和议。

陆游离镇江任改任隆兴军府通判（隆兴，今南昌县①）。言者劾公"交结台谏，鼓唱是非，力说张浚用兵"，免官。归山阴，卜居镜湖。"忆自南昌返故乡，移家来就镜湖凉。""曩得京口俸，始卜湖边居。屋才十余间，岁久亦倍初。"这些诗句是此时生活的写照。

1169年，陆游以左奉仪郎通判夔州军州事，以病未行，明年遂起程西行。

3. 1170—1178：此八九年在蜀中。

1170年夏，由山阴出发，由长江入蜀，冬天到了夔州。旅途见闻，作《入蜀记》。1172年，枢密使王炎宣抚四川，驻汉中，辟陆游入幕府，为干办公事兼检法官。汉中，今陕西南郑县，近大散关，亦近宋金边界交界处。"四十从戎驻南郑，酣宴军中夜连日"，此处逼近敌人，时有立功的愿望。过着豪迈的生活，曾猎虎。

留王炎幕时间不长（三月至十一月），改除成都府安抚司参议官，从汉中入成都，有"此身合是诗人未？细雨骑驴入剑门"

---

① 今江西省南昌市。

（《剑门道中遇微雨》）之句。此后，通判蜀州，摄嘉州，往来蜀州、嘉州间。1175年六月，范成大为四川制置使，帅蜀中，与陆游为文字交，不以幕僚待之。1176年，以所谓"燕饮颓放"去官，自此，陆游自号放翁。仍居成都。1177年，范成大离蜀还朝，而陆游仍留成都。1178年被召东归，秋到临安，除福建常平茶盐事，暂归山阴故居。是年，范成大参知政事。

4. 1179—1210：三十年，五十余至八十余岁。

陆游自蜀还乡。1179年，五十五岁，在建安，游武夷山。秋冬间改除江南西路常平茶盐公事，十二月到江西，治抚州。1180年在抚州，五月十一日夜且半，梦从大驾亲征，尽复汉唐故地，见城邑人物繁丽，云：西凉府也。喜甚，马上作长句，未终篇而觉，乃足成之。诗有"熊罴百万从銮驾，故地不劳传檄下。筑城绝塞进新图，排仗行宫宣大赦。冈峦极目汉山川，文书初用淳熙年。驾前六军错锦绣，秋风鼓角声满天"等句。冬，召赴行在。1182—1185，在家乡。1186，年六十二，权知严州。第二年刊《剑南诗稿》，凡二千五百余首。于严州郡治。1189在都下，寓砖街巷街南小宅。光宗即位，除朝议大夫、礼部郎中，兼实录院检讨官。十二月被劾去官出都。在乡闲居十余年。1192（年六十八）过禹迹寺南沈氏园，有"林亭感旧空回首"之句。1199（年七十五）又作《沈园》二绝，悼念唐氏，有"梦断香消四十年"之句。1202年，宋宁宗朝，韩侂胄执政，图北伐，起用若干老人如陆游、辛弃疾等以图众望。陆游入都为实录院修撰，同修国史，翌年除宝谟阁待制。1203年，乞致仕，五月出都。韩侂胄议伐金及伐金失败，陆游已还乡，但1209年仍被劾落宝谟阁待制职。

1206年冬，子遹为其编诗续稿，成四十八卷，每卷约百首。

1210年，年八十六，卒。《宋史》谓卒于嘉定二年（己巳），八十五岁，实未审。据钱竹汀年谱考定，应卒于宋宁宗嘉定三年（庚午），年八十六。有《示儿》诗："死去元知万事空，但悲不见九州同。王师北定中原日，家祭无忘告乃翁。"

陆游的诗词

陆游在十二三岁时就能写诗文，二十岁前喜欢陶渊明、王维的诗。1155年曾几提点浙东刑狱，游曾从其游。曾几为江西诗派诗人，因此人或谓陆游亦出于江西诗派。实则不然。陆游的诗作是兼各名家之长，豪放而畅达。早期虽受到一点影响，但陆游的诗和江西诗派是不同的。入蜀以后，眼界扩大，创作成熟，接近杜甫风格。《九月一日夜读诗稿有感走笔作歌》云：

我昔学诗未有得，残余未免从人乞。

力屏气馁心自知，妄取虚名有惭色。

四十从戎驻南郑，酣宴军中夜连日。

打球筑场一千步，阅马列厩三万匹。

华灯纵博声满楼，宝钗艳舞光照席。

琵琶弦急冰雹乱，羯鼓手匀风雨疾。

诗家三昧忽见前，屈贾在眼元历历。

> 天机云锦用在我，剪裁妙处非刀尺。
>
> 世间才杰固不乏，秋毫未合天地隔。
>
> 放翁老死何足论，广陵散绝还堪惜。

自述其诗由于军戎生活的豪放跌宕，自言有独到处（散绝堪惜）。

放翁诗在宋诗中，除苏、黄之外，最近杜甫。由于时代背景及在蜀中八九年之生活，其遇王炎、范成大颇似杜甫之遇严武。所不同者，杜甫有出入贼中一段生活，亲身经历战争，并且看到唐室恢复。陆游处于敌我对峙之环境中，一直在鼓吹反攻，抱着杀敌、恢复统一和平的愿望而达不到，常致悲愤与慨叹。

陆游诗中一直贯穿着爱国主义思想。陆游为南宋代表诗人，主要是能反映南宋时代的社会现实，在诗歌中抒发爱国家、爱人民的感情。他是自始至终念念不忘恢复中原、收复失地的歌唱者。他有这种精神，是由于他一生下来就遭逢战乱。他虽然籍贯在山阴，可是祖父、父亲都生活在中州，而是在战乱时被迫迁到南方的。他在《三山杜门作歌》（之一）诗中写道：

> 我生学步逢丧乱，家在中原厌奔窜。
>
> 淮边夜闻贼马嘶，跳去不待鸡号旦。
>
> 人怀一饼草间伏，往往经旬不炊爨。
>
> 呜呼！乱定百口俱得全，孰为此者宁非天？

后来随着年龄阅历的增长，爱国主义思想日益深厚。他的强烈的爱国思想最充分地表现在他的诗中。

陆游念念不忘中原的人民，他觉得中国应该是统一的："四海一家天历数，两河百郡宋山川。"（《感愤》）每当冬尽春来的时候，他就遥望着北方辽阔的原野：

京洛雪消春又动，永昌陵上草芊芊。（《感愤》）

他常常幻想着有一天能够击败金人，恢复中原的疆土：

三更穷虏送降款，天明积甲如丘陵。

中华初识汗血马，东夷再贡霜毛鹰。

群阴伏，太阳升。胡无人，宋中兴！（《胡无人》）

他在战乱连年的时候看到小孩子学写字、读书，儿女骨肉之情使他想到中国统一后的和平生活："从今父子见太平，花前饮水勿饮酒。"（《喜小儿辈到行在》）

诗人陆游怀抱着国家统一的希望，且强烈地表达了以身许国、建立功勋的愿望："呜呼！楚虽三户能亡秦，岂有堂堂中国空无人！"（《金错刀行》）感激豪宕，具有胜利的信心，非常乐观。

但是，南宋统治者只苟安于小朝廷的享乐，根本没有想到要收复失地，陆游沉痛地说道："遗民泪尽胡尘里，南望王师又一年！"（《秋夜将晓，出篱门迎凉有感》）尤其是中晚年的时候，看的事情多了，更引起他的悲愤：

青山不减年年恨，白发无端日日生。（《塔子矶》）

丈夫五十功未立，提刀独立顾八荒。（《金错刀行》）

刘琨死后无奇士，独听荒鸡泪满衣！（《夜归偶怀故人独孤景略》）

塞上长城空自许，镜中衰鬓已先斑。（《书愤》）

这些诗句充分表明了一个爱国志士抑郁悲愤的心情。同时，陆游更是有战斗性的，他写了很多讽刺诗，对苟安现状、不思进取的上层人士极为愤慨，《前有樽酒行》中云：

绿酒盎盎盈芳樽，清歌袅袅留行云。

美人千金织宝裙，水沉龙脑作燎焚。

……

诸人但欲口击贼，茫茫九原谁可作！

鞭挞了苟安享乐的士大夫，诗人接着写道：

丈夫可为酒色死？战场横尸胜床第。

华堂乐饮自有时，少待擒胡献天子。

陆游对南宋统治者不思北伐、苟且偷安也表达了失望和愤慨之情，如《醉歌》：

学剑四十年，虏血未染锷。

不得为长虹，万丈扫寥廓；

又不为疾风，六月送飞雹。

战马死槽枥，公卿守和约，

穷边指淮泗，异域视京雒。

及到"如今老且病，鬓秃牙齿落"。真是"仰天少吐气，饿死实差乐"了。

但是，陆游的愿望并没有实现，眼前祖国分裂，北中国人民遭受金统治者的残酷迫害，眼见耽误了岁月，他写下了许多愤慨、悲叹的诗："容身有禄愧满颜，灭贼无期泪横臆。"（《晓叹》）"诸公尚守和亲策，志士虚捐少壮年！"（《感愤》）真切于他的时代，极可感人。此外，像《寒夜歌》《陇头水》《书愤》《追感往事》等都属于这一类诗歌。

陆游的爱国心始终未衰，直到临死，还写下了《示儿》诗，嘱咐子女"王师北定中原日，家祭无忘告乃翁"。

深厚的爱国主义思想是陆游诗歌的基础。

其次，陆游的诗有许多是反映社会和农民生活的。

陆游曾长期生活在农村，他向往着纯朴的农家生活，他写出了农家生活的健康和可爱，这方面的诗歌很富有人情味，如：

莫笑农家腊酒浑，丰年留客足鸡豚。

山重水复疑无路，柳暗花明又一村。
箫鼓追随春社近，衣冠简朴古风存。
从今若许闲乘月，拄杖无时夜叩门。（《游山西村》）

蓦沟上阪到山家，牧竖膺门两髻丫。
蒟火正红煨芋熟，岂知新贵筑堤沙？（《夜投山家》）

这些诗的风格很像陶渊明。但他同时也注意到农家疾苦，同情农民的痛苦遭遇，抗议官家对农民的过分剥削，表现了他的人道主义思想。《农家叹》《十月二十八日夜风雨大作》《书叹》等诗写农民的痛苦。税收迫得他们不能生存：“门前谁剥啄？县吏征租声。一身入县庭，日夜穷笞搒。人孰不惮死？自计无由生。”（《农家叹》）水灾害得他们不能收获：“岂惟涨沟溪，势已卷平陆。辛勤艺宿麦，所望明年熟；一饱正自艰，五穷故相逐。南邻更可念，布被冬未赎；明朝甑复空，母子相持哭！”（《十月二十八日夜风雨大作》）农民受尽残酷的剥削，“有司或苛取，兼并亦豪夺”，诗人很愤慨地说：“政本在养民，此论岂迂阔？”（《书叹》）

再次，陆游亦有写与朋友交往的诗，如《送辛幼安殿撰造朝》，可以看出二人交情甚笃。还有诗表现他在婚姻方面的不幸，对真挚爱情的怀念，饱和着诗人的血泪。三十一岁时一个偶然的机会在沈园与唐琬相遇，写下了充满怀念、悔恨的《钗头凤》，四十多年以后，还凄惨地回忆起来：

城上斜阳画角哀，沈园非复旧池台。

伤心桥下春波绿，曾是惊鸿照影来！（《沈园》其一）

陆游的词称《放翁词》。（收于《宋六十名家词》，又见于《四部备要》。）他的词多，风格多变化。最有名的是为唐琬而作的《钗头凤》。此词就形式来讲，相当难填，但诗人做得很成功，从词中可以感受到诗人深挚的感情。《汉宫春》是英雄的歌唱：

羽箭雕弓，忆呼鹰古垒，截虎平川。吹笳暮归野帐，雪压青毡。淋漓醉墨，看龙蛇、飞落蛮笺。人误许，诗情将略，一时才气超然。

何事又作南来，看重阳药市，元夕灯山。花时万人乐处，欹帽垂鞭。闻歌感旧，尚时时、流涕尊前。君记取，封侯事在，功名不信由天。

代表诗人词的豪放雄壮的一面，与辛弃疾词相近。最后两句，并非诗人热心功名富贵，而是要为国家出力，恢复中原。

陆游的一些小令也颇豪壮，写山水的词则很清新。然而词不是他的主要成就，不能和辛弃疾相比。他的主要成就是诗。

陆游的著作很丰富。他有许多散文。《南唐书》是历史著作。《入蜀记》是日记体的笔记，记入蜀的旅程经历，有文学价值，也有史料价值。还有《老学庵笔记》也是杂记。散见的其他文章收入《渭南文集》，文学意味不及他的杂记。其中《书巢记》写其耽书之癖，他住的地方"俯仰四顾，无非书者"，他自己"饮食起居，疾痛呻吟，悲忧愤叹，未尝不与书俱"。有时"间有意欲起，而乱书围之，如积槁枝，或至不得行"。因自名之曰"书巢"。《居室记》讲养生之道，他如何饮食起居。他家里的人从曾祖起年皆不满花甲，而他"幸及七十有六，耳目手足未废，可谓过其分矣。然自计平昔于方外养生之说初无所闻，意者日用亦或默与养生者合"。《东篱记》讲他种花，自己掇臭撷玩，朝灌暮锄，"考《本草》以见其性质，探《离骚》以得其族类……间亦吟讽为长谣短章，楚调唐律"。《烟艇记》讲他"得屋二楹，甚隘而深，若小舟然，名之曰'烟艇'"，以寄其"江湖之思"，"意者使吾胸中浩然、廓然，纳烟云日月之伟观，揽雷霆风雨之奇变，虽坐容膝之室，而常若顺流放棹，瞬息千里者，则安知此室果非烟艇也哉！"。此外，《东屯高斋记》是为夔州李氏居杜甫故居高斋而作，感叹杜甫"身愈老命愈大谬，坎壈且死"，羡慕李氏"无少陵之忧，而有其高"，自嗟"仕不能无愧于义，退又无地可耕"。这些皆是富有情致的小品文。

杨万里与范成大 浦江清

　　杨万里（1127—1206），字廷秀，号诚斋，吉水（今属江西）人，1154年中进士，是当时的一位大诗人。南宋的诗人向来标尤、杨、范、陆四大家，即尤袤（延之）、杨万里（廷秀）、范成大（致能）、陆游（务观）。尤袤是南宋初期有名的诗人，有《梁溪集》，诗佚，流传下来的少数诗篇都较一般。藏书甚富。尤、杨、范、陆都曾学诗于曾几（茶山），受过江西诗派的影响，后来都抛弃了江西诗派的习气。

　　杨万里的诗和散文都写得很好，尤以诗著名。杨万里的诗有两万余首之多，现存四千多首。《诚斋集》中包括《江湖集》《荆溪集》等九集，每集代表一个时期。

　　杨万里是道学家，通经学，重名节，人品极高。据说南宋宰相韩侂胄造南园，请杨万里作记文，杨万里看不起韩侂胄的为人，就拒绝他说："头可断，记不可得！"一时间人们很佩服他的品格。后他竟因闻侂胄当权而忧卒。

　　杨万里的诗很有风趣。他作诗不避俗言俗语，这一点是受黄山谷的影响。黄山谷曾用俗为雅，杨万里也是如此，他把一般人的口语经过提炼吸收到诗中来，就显得清新自然；他的诗又一特点是诙谐幽默，反映生活的另一方面，能达人之所不能达，又没有什么做作。因此，他虽然自江西派人，但仍能独自一体。他在《荆溪集》自序里说："予之诗，始学江西诸君子，既又学后山五字律，既又学半山老人七字绝句，晚乃学绝句于唐人。……戊戌……作诗，忽若有悟，于是辞谢唐人及王、陈、江西诸君子皆不敢学，而后欣如也。"他融会诸家而独创一体，即"诚斋体"，并因此开创了自己的独特风格。如：

> 梅子流酸软齿牙，芭蕉分绿与窗纱。
> 日长睡起无情思，闲看儿童捉柳花。（《闲居初夏午睡起》）

> 田夫抛秧田妇接，小儿拔秧大儿插。
> 笠是兜鍪蓑是甲，雨从头上湿到胛。（《插秧歌》）

写得自然而有风趣。其他像"低低檐入低低树，小小盆成小小花""正入万山圈子里，一山放出一山拦"，都以白话入诗。

范成大（1126—1193），字致能，号石湖居士，吴郡人。与范仲淹同乡，比陆游小一岁，也是1154年的进士。他的官职很高，屡次出使金国，做过宣抚使，做过参知政事。晚年隐居于石湖（太湖与吴江之间）。有《石湖诗集》，又有《石湖词》。

范成大与陆游是知交，政治才能很高，但同样未被重用。他的诗亦从江西诗派入而变化，成一大家。风格清新，以写山水最著名。他到过四川，写了许多咏山水和长江的诗，田园诗方面有著名的《四时田园杂兴六十首》。

他的山水田园诗很像陶渊明、谢灵运的诗，但并不摹袭陶、谢，而又有自己的面貌，多用七言绝句写出。其代表作《田园杂兴六十首》虽没有像陶诗那样深入和亲切，虽然对农村生活有一定的隔膜，但还是有认识和感受的，因此也能写出农家欢乐和愁苦：

> 梅子金黄杏子肥，麦花雪白菜花稀。
> 日长篱落无人过，惟有蜻蜓蛱蝶飞。

> 昼出耘田夜绩麻，村庄儿女各当家。
> 童孙未解供耕织，也傍桑阴学种瓜。

> 采菱辛苦废犁锄，血指流丹鬼质枯。
> 无力买田聊种水，近来湖面亦收租！（以上《田园杂兴》）

范成大的山水诗如《瞿唐行》，很新奇。

杨万里和范成大两人的诗接近自然，比较清新，是他们的优点，但不如陆游那样充满爱国情怀。

南宋诗人都有他们的政治生活，他们属于比较进步的阶层，有爱国思想，但都不得志，愿望不能实现。他们的诗歌，一部分表现他们的爱国思想，如陆游的诗，一部分表现为对田园山水的爱好，如杨万里、范成大的诗。

宋末诗人与金国诗人 浦江清

严羽与《沧浪诗话》

南宋初年，流行以山谷为宗匠的江西诗派。陆、杨、范三家从江西派出，扩大诗的内容，渐渐取法唐人。姜夔亦宗唐人风格。与姜夔同时，又有"永嘉四灵"：徐照（灵晖）、徐玑（灵渊）、翁卷（灵舒）、赵师秀（灵秀），均叶适（水心）门人。为诗宗法贾岛、姚合及晚唐诗，刻意雕琢，取径甚狭，反对说理用典，而清瘦、破碎。又有刘克庄（后村）及江湖诗派，也都和江西诗派不同。江西诗派主张诗法，追求格律，以新奇为高，可以说是宋诗特点的极端表现。到了严羽，他大力反对江西诗派，也反对四灵派与江湖派，他推崇唐诗。他论诗从建安时代的诗人起，直到宋代的苏、黄。

严羽是姜夔与文大祥之间的人，生平不详。他的诗不很高明，他主要是因《沧浪诗话》而知名。在宋代有很多诗话，北宋的欧阳修、苏轼、陈后山等都有诗话，南宋胡仔有《苕溪渔隐丛话》，讲诗也讲词，是研究宋代诗词的重要材料，但它零碎而不系统。在宋代的诗话中，严羽的《沧浪诗话》是有中心主张的。

《沧浪诗话》篇幅不多，分五部分：诗辨、诗体、诗法、诗评、诗证。主要是第一部分"诗辨"，提出有关诗的理论，以宗盛唐、主妙悟为主要论点，实是变革恢复唐人风格的一种主张，有它的进步之点。严羽反对以议论为诗，反对在诗中滥用典故，他主张以盛唐为宗，学李白、杜甫，主张妙悟，以为"诗有别材，非关书也"。

　　第一，他认为"学诗者以识为主：入门须正，立志须高；以汉魏晋盛唐为师，不作开元天宝以下人物"。先须熟读楚骚、汉魏五言、李杜二集，其次是晚唐、苏黄，取而熟参之。他主张学诗要从高处入手，反对当时以近代诗人为宗。他要求取乎法上，而不要取乎法下，这是重视古典文学的古典主义。

　　第二，他提出"论诗如论禅""大抵禅道惟在妙悟，诗道亦在妙悟"。他认为汉魏晋盛唐诗，好比上乘禅，以后的诗是下乘禅。要学上乘禅，学禅要妙悟，学诗也要妙悟。他说："且孟襄阳学力下韩退之远甚，而其诗独出退之上者，一味妙悟而已。""然悟有浅深，有分限，有透彻之悟，有但得一知半解之悟。汉魏尚矣，不假悟也。谢灵运至盛唐诸公，透彻之悟也。他虽有悟者，皆非第一义也。"这里，他明确指出孟浩然的学问不及韩愈而诗比韩愈的好，这就是妙悟之故。妙悟，最好是彻底的悟，如李白、杜甫，其他的人不过是一知半解的悟罢了。他说："诗之极致有一，曰入神。诗而入神，至矣，尽矣，蔑以加矣！惟李杜得之。他人得之盖寡也。"

　　第三，他提出"诗者，吟咏情性也"。他说："诗有别材，非关书也；诗有别趣，非关理也。然非多读书，多穷理，则不能极其至。所谓不涉理路，不落言筌者，上也。"这样，他反对宋人好用典故，好发议论之弊。他反对"以文字为诗，以才学为诗，以议论为诗"。他认为诗要有一唱三叹之妙，俾韵味无穷。唐人诗有之。他说："盛唐诸人唯在兴趣，羚羊挂角，无迹可求。故其妙处透彻玲珑，不可凑泊，如空中之音，相中之色，水中之月，镜中之象，言有尽而意无穷。"兴者，比兴也；趣者，意味也。这是针对当时诗的散文化倾向而发的。当时作诗，不是像作文章那样汩汩而出，便是支离破碎，只有一二佳句罢了。兴趣之说，是严羽论诗的中心主张，虽有唯心之处，但其正确的地方在于重形象，严羽主张诗要有形象。

宋诗变革唐诗，有特殊的风格，久而流弊，严羽力主盛唐，以矫此弊。虽尚有取于苏黄，实则反对苏黄以来的诗风。《沧浪诗话》是较有系统的诗话，是有主张的。他的影响很大，开"神韵"论诗的一派。从严羽开始，以后诗话就有了神韵派，如清代王士禛的"神韵说"；也有了摹拟盛唐的一派。严羽以禅论诗，基本理论是唯心的，有所见，而未全正确。

《沧浪诗话》的主要缺点，是没有讨论到诗歌的题材与内容，没有重新提出白居易的"诗歌合为事而作"，不谈诗歌与政治社会的关系。换言之，即没有提出诗要有现实的内容。完全着重在诗歌的艺术性，这怎样能够做好诗；着重在诗的面貌与风格；光论那一代的诗是上品，要求取法于上，没有能够分析那些大作家所以成为大作家的原因，而教人家用参禅的方法去参。这是根据唯心论的哲学而创造的唯心论的艺术论。这样开出神韵派的诗歌理论，流弊所及，也开了专门模糊影响一味摹拟盛唐的诗派。

文天祥与宋遗民文学

文天祥是著名将领，他的忠贞不屈的人格历代受到尊敬。

文天祥（1236—1282），字履善，一字宋瑞，号文山，江西吉安人。1256年（理宗朝）二十一岁时中进士第一（状元）。当时国势日衰，蒙古军南侵，宦官董宋臣力主迁都，文天祥上书议斩宋臣，不报。以后又为宰相贾似道所抑，致仕家居。当南宋末年、蒙古兵南侵时，文天祥在江西赣州举义兵勤王，他全家均参加义军。至临安，向朝廷提出许多防卫策略，不为宋帝所采纳。他被命带兵去守平江（苏州），后平江失守，他退守余杭。未几，元军兵临临安，宋朝廷已和元丞相伯颜议降，文天祥被派与伯颜谈判，天祥"抗论皋亭山"，他凛然不屈，为蒙古人拘而北去，至镇江北而逃脱。此时，恭帝已降元，文天祥乃入福建。1276年，奉益王赵昰即位于福州（改元景炎，是为景炎帝），文天祥任右丞相。天祥转战闽赣粤，屡抗元兵。1278年，战败被执北去，拘于燕京。天祥负忠义名，元人数欲降之，天祥不屈，拘四年，至元十九年（1282年）十二月，被元统治者杀害。文天祥为抗元将领的代表人物，被杀之日，人民痛哭不止。

文天祥生于宋理宗端平三年（1236年），丙申岁五月二日，卒于壬午岁十二月初九日（受刑于燕市）。年四十七。其衣带中有赞云："孔曰成仁，孟曰取义，惟其义尽，所以仁至。读圣贤书，所学何事，而今而后，庶几无愧。"

文天祥能为古文和诗。诗以杜甫为宗尚。《文山全集》二十卷，有《四部丛刊》影印乌程许氏藏明刊本。

卷一、二，诗，附乐府一首、《齐天乐》二首。

卷三至卷十二，文：对策、表笺、书启、记、序、题跋、说、行状、墓志铭、祭文、判词等。

以上十二卷均称文集。

卷十三，《指南录》。

卷十四，《指南后录》。

卷十五，《吟啸集》。

卷十六，《集杜诗》。

以上四卷皆抗元艰苦奋斗及入狱后所作诗，为记事感愤之篇。

卷十七，《纪年录》，正文是文公狱中手书，自订年谱性质，注疏取他人传记材料。

卷十八，拾遗。

卷十九、二十，附录：《宋史》本传及刘、胡、邓三家《文丞相传》本文，及元明人所作祭文、序跋之类。

《指南录》有《自序》及《后序》二篇冠首。《自序》作于德祐二年（1276年），《后序》作于景炎元年，亦即德祐二年更五月之改元，同年作。《指南录》诗自德祐元年年终，帝召文天祥自平江入都（临安）起，德祐二年即至皋亭山虏营见伯颜办交涉（帝所派遣议和之举），被虏扣留不遣，被迫北去。至镇江，与杜浒以下十一人夜走真州，逃脱。欲号召江淮，为人托辞谢客。至扬州，不得入。趋高邮，迷失道。为北路追逼，缚去一人，杀伤一人。天祥匿竹林中，未为所获，至高邮下船，历泰州、通州，遵海而南，至台州、温州。五月朔，景炎帝立于福安，召赴行在。

《指南录》诗又分四卷，皆此时期记事之作。诗体不一，七绝居多，各诗以散文记事为序于前。同日记之作法。内中《高沙道中》一篇最长，五古体，有八百余字，且有长序。即记赴高邮道中，为北骑所搜索，避竹林中，从者有死伤，天祥危而后脱，所叙甚详。《序》有云："痛定思痛，其涕如雨。"诗有云："稽首望南拜，著此泣血篇。"

《指南后录》则自《过零丁洋》一诗起。盖自1278年（景炎三年）在潮阳、海丰道中，为虏骑追及，被执。见张弘范（元军元帅），抗节不屈，弘范待以客礼。1279年，挟之北去（时景炎帝死，宋亡）。从广州、南安、赣州、吉州、隆兴至建康。囚邸中。1279年8月，北行渡江，过扬州、徐州、东平府、河间，至燕。遂入狱。自己卯（1279年）入狱至壬午（1282年）被杀，前后在狱中跨四个年头。《指南后录》诗自1278年至1282年壬午。其中在燕狱中诗居多。有《六歌》，仿杜甫《同谷七歌》，悲念妻、妹、女、子、妾及自己，六首。齐鲁间作。有《胡笳十八拍》，皆集杜诗成篇。庚辰（1280年）中秋日，汪水云（元量）来囚所慰之，援琴鼓《胡笳十八拍》，琴罢，索其赋诗。仓促未就。十月中复来，天祥乃集杜诗成拍，与水云共商酌之。集杜甚工切，可见他对杜诗用功之深。当然，杜甫的爱国主义思想和崇高品格也影响了他。

其七律《过零丁洋》有"人生自古谁无死，留取丹心照汗青"的千古名句。元丞相伯颜读到此诗也为之感动。

有《正气歌》可为此集之代表作：

天地有正气，杂然赋流形。

下则为河岳，上则为日星。

于人曰"浩然"，沛乎塞苍冥。

皇路当清夷，含和吐明庭。

时穷节乃见，一一垂丹青。

在齐太史简，在晋董狐笔。

在秦张良椎，在汉苏武节。

为严将军头，为嵇侍中血。

为张睢阳齿，为颜常山舌。

或为辽东帽，清操厉冰雪。

或为《出师表》，鬼神泣壮烈。

或为渡江楫，慷慨吞胡羯。

或为击贼笏，逆竖头破裂。

是气所磅礴，凛烈千古存。

当其贯日月，生死安足论！

地维赖以立，天柱赖以尊。

三纲实系命，道义为之根。

嗟余遘阳九，隶也实不力。

楚囚缨其冠，传车送穷北。

鼎镬甘如饴，求之不可得。

阴房阒鬼火，春院闭天黑。

牛骥同一皂，鸡栖凤凰食。

一朝蒙雾露，分作沟中瘠。

如此再寒暑，百沴自辟易。

哀哉沮洳场，为我安乐国。

岂有他缪巧，阴阳不能贼！

顾此耿耿存，仰视浮云白。

悠悠我心悲，苍天曷有极？

哲人日已远，典型在夙昔。

风檐展书读，古道照颜色。

熔铸日月山河的是浩然正气，支撑乱世英雄精神的也是浩然正气，它是人类的最高道德。诗后半部分为自叙，明自己生遭时代不幸，愿忠贞不屈而死，以保全天地间浩然正气之志。

《指南录》有《无锡》诗（过无锡时所作），末云："英雄未死心为碎，父老相逢鼻欲辛。夜读程婴存赵事，一回惆怅一沾巾。"足见《赵氏孤儿》故事的进步作用。

《指南后录》有《读〈赤壁赋〉前后二首》云："昔年仙子谪黄州，赤壁矶头汗漫游。今古兴亡真过影，乾坤俯仰一虚舟。人间忧患何曾少，天上风流更有不。我亦洞箫吹一曲，不知身世是蜉蝣。"“一笑沧波浩浩流，只鸡斗酒更扁舟。八龙写作诗中案，孤鹤来为梦里游。杨柳远烟连北府，芦花新月对南楼。玉仙来往清风夜，还识江山似旧不？"足见东坡在宋人心目中自占高位，文山亦以坡仙目之也。

坚强、伟大的人格贯注在文天祥的诗歌之中，它永远是祖国人民最宝贵的文学遗产。

文天祥有词作，如《齐天乐》《满江红》等。

文天祥亦有散文，且具多种体裁，以《指南录后序》最著名。

与文天祥同处宋末时代的，还有几位遗民诗人。

汪元量，生卒年不详，字大有，号水云，钱塘布衣。以善琴供奉宫廷。1276年，随宋宫人北去，至燕都。元量虽为一琴师，但人格高尚，与文天祥、刘辰翁为友。他景仰文天祥人格，曾特地到燕京狱中探望。天祥被害后，汪元量到南方为道士，往来匡庐彭蠡间，终身不仕，为宋遗民，自号水云子。

汪元量能诗词，有《湖山类稿》与《水云集》。其中《湖州歌》九十八首，叙述南宋亡国的一段哀史。从元军下皋亭山、谢太后上降表写起，一直到三宫沿运河北上到燕京参加蒙古人的庆功宴会为止。写到一路上：

两淮极目草芊芊，野渡灰余屋数椽。

兵马渡江人走尽，民船拘敛作官船。

宫女垂头空作恶，暗地珠泪落船头。

诗表明，降元，是太后、皇帝的意思，而苦难也加在许多不幸宫女身上。

长篇的《醉歌》，也是极为沉痛的：

国母已无心听政，书生空有泪成行。
六宫宫女泪涟涟，事主谁知不尽年！

国家所受的屈辱，人民遭受的灾难，宫女的眼泪，都写入他的诗中。

谢翱（1249—1295），字皋羽，福建长溪人。文天祥在江西勤王，他率义兵投文天祥抗元，为谘议。文山被执，乃逃亡，漫游各地。文山死，登严子陵钓台，设主祭文，再拜恸哭，作《登西台恸哭记》。他有集名《郑所南先生文集》。

郑思肖（1241—1318），字忆翁，号所南，福建连江人。宋亡，隐吴下，有《郑所南先生文集》。

刘辰翁（1234—1297），字会孟，号须溪，江西吉安人。宋末进士。曾劾贾似道，为所忌，几为所杀，得直名。曾为濂溪书院山长。宋亡，托方外以终。有《须溪集》。他评点《世说新语》，评点杜甫、李长吉、陆放翁等人的诗，是评点家的第一位。

元好问

金朝在北方，也有进士的考试制度，也有文人如赵秉文、王若虚辈，只是没有什么特殊之处。值得提出的是金末的元好问。

元好问（1190—1257），字裕之，别号遗山，太原秀容①人。是金末诗人，与姜夔同时。能古文，能诗，是金国文学的代表作家。古文继承韩愈、欧阳修，诗歌学韩愈、苏轼，不重色彩的华丽，反映了金代的社会现实，以七古最好。

他有《论诗绝句三十首》，是模仿杜甫的《戏为六绝句》而作，实则是诗歌的批评，比如：

> 慷慨歌谣绝不传，穹庐一曲本天然。
> 中州万古英雄气，也到阴山敕勒川。

> 奇外无奇更出奇，一波才动万波随。
> 只知诗到苏黄尽，沧海横流却是谁？

前一首论《敕勒歌》，赞自然、淳朴诗风，后一首说明诗的意境是无穷的。他反对江西诗派，指明其借李学杜并未学到杜诗的风貌：

---

① 今山西省忻州市。

古雅难将子美亲，精纯全失义山真。

论诗宁下涪翁拜，未作江西社里人。

元好问辑金人诗为《中州集》十卷，辑金人词为《中州乐府》。

二

词

1937
—
1946

词的起源 浦江清

词之源，起于乐府。词是晚唐、五代、两宋之乐府。

词直接从乐府来。当乐府出现长短句、可唱、数首如是同一调（或牌子）则同句法，甚至同意义、同内容时，即为词的产生奠定了基础。故可追溯至南朝乐府。如梁武帝萧衍的两首乐府：

　　众花杂色满上林，舒芳耀绿垂轻阴。连手踏蹀舞春心。舞春心，临岁腴，中人望，独踟蹰。（《江南弄》）

　　游戏五湖采莲归，发花田叶芳袭衣。为君艳歌世所希。世所希，有如玉，江南弄，采莲曲。（《采莲曲》）

此二首即合此三条件。沈约有《六忆诗》，六首句法同、运意同，举其中二首：

　　忆来时，灼灼上阶墀。勤勤叙别离，慊慊道相思。相看常不足，相见乃忘饥。

忆食时，临盘动容色，欲坐复羞坐，欲食复羞食。含哺如不饥，擎瓯似无力。

但南朝乐府之以三字句开首而全篇作五言诗者尚多。唐人亦有。不过《六忆诗》短章更像词耳。

南北朝以五言诗为乐府，南北朝末始易以七言，所谓新乐府者大都皆五、七言也。即杂言亦篇各不同。至唐人则以五、七绝为乐府，渭城之曲，黄河远上之篇，清平调皆可歌之乐府，中唐时始有长短句之乐府（此言民间或早有，惟文人不为耳）。李白之《菩萨蛮》《忆秦娥》等词皆不可信。中唐初，如张志和《渔父词》五首，韩翃《章台柳》一首，均七言，略杂三言。韦应物《三台》是六言诗，《调笑令》则从《三台》变出。王建亦有《三台》《调笑令》，至白居易、刘禹锡，与民间文学益接近，而词之花色多。白有《花非花》《忆江南》，刘有《纥那曲》《忆江南》《潇湘神》《抛球乐》等。

唐以后新的体裁起，是为词。从中唐至南宋，为全盛的时代。中晚唐的词流传得很少。词实五代方盛。南宋以后词虽存在，惟已非乐府，仅与诗一样而已，已不能歌。南宋以后，曲起而代之了。

为什么称曰词？称诗因《诗经》的关系，至称词乃偶然的事情。也可名之曰曲，如《纥那曲》《金缕曲》皆词名；又可名曰歌，如《洞仙歌》《水调歌头》。因偶然而变为当然，有曲则须固定了词的名称。

姜夔的词集名曰《白石道人歌曲》，可知当时还没有固定。是研究文学的人给它定名而已。文学史往往有此例，如汉至隋的诗歌，顶重要的名乐府，它们亦可名歌曲，如《子夜歌》《乌栖曲》，性质上差不多，只是时代不同而已。如幞头、巾帽皆一物耳。汉至隋的歌曲曰乐府，五代至宋的曰词，宋以后的曰曲，性质也有一点不同。

五代、两宋以前的歌曲是有的，但性质不同。在某一时期，必有新的东西，与以前的不同。虽同一线演变下来，而给它名曰词。

唐宋的歌曲以七绝为重要。李白的《清平调》是应制的东西，分明是歌曲亦是乐府。王维的《渭城曲》亦七绝，后人则变之为《阳关三叠》。唐歌七绝，往往三首。旗亭画壁的故事，王之涣、王昌龄听的都是七绝，无长短句。

五代至宋，歌的仍为诗，只是长短句不同。

白居易《醉吟先生传》言他喜吟诗喝酒，兴来更可弹琴。若兴致更好，可命家僮、乐人合奏《霓裳羽衣曲》《杨柳枝》新曲。《霓裳羽衣曲》有谱无歌，《杨柳枝》是七绝，介于诗、词中间，为唐新鲜的歌曲，酒席上往往作《杨柳枝》，当堂命歌女唱，与后来的小令一样。小令乃侑酒之曲。《杨柳枝》从中唐起至五代。《花间集》是最古的一部词集，就选了许多《杨柳枝》，以为诗的一体。还有许多的《杨柳枝》没有入选，而《全唐诗》则选之，又承认它是诗。《全唐诗》把《杨柳枝》一半放在诗里，一半放在词里，可见那时的诗、词无甚分别。故后名词曰诗余。其实词有它的来历，不能说全是由诗变来。

词起源于中唐，作词的时候，没有定它是词。先有《杨柳枝》，张志和的《渔父词》为长短句的第一首。韦应物《三台》亦承认是最早的词，实六言诗。刘禹锡《纥那曲》、白居易《花非花》《望江南》《忆江南》、刘禹锡《潇湘神》皆有长短句，与七绝距离不远。《柘枝词》是舞曲，普遍都是七绝，惟不算是词。《杨柳枝》又名《柳枝词》，与之同一的东西。《采莲曲》亦不算词。其界限很勉强，算它是词是偶然。

词是五代、两宋的歌曲，从唐蜕化而来，中唐、晚唐词与诗的分别不很清楚。

朱子有一奇怪的学说曰"泛声说"。朱熹曰："古乐府只是诗，中间却添许多泛声。后来人怕失了那泛声，逐一声添个实字，遂成长短句，今曲子便是。"（《朱子语类》百四十）云歌曲有些无字，而只有腔，此曰"泛声"，词的起源，是由于腔填实了。譬如，七绝廿八字，一字往往给三音，一字有音，其余二字往往给以衬字。曲子里的衬字如"只见那""兀的不""我这里"。唐宋之间歌曲变了，泛声变多，腔填了实字，乃成词。

胡适论词的起源，相信"泛声说"。其实朱子以宋代的情形推唐代。唐代七绝至宋已不能唱。宋能唱的只是长短句，其实唐的歌句法是齐的，宋人歌之，须添字方能歌，如《瑞鹧鸪》，欲唱必须泛声填腔。其实唐朝则不如此。凡歌未必一字一音，没有泛声的歌曲恐没有。六朝已有泛声了。词亦有泛声，歌总有泛声。

词长短句从南北朝的乐府来的。历史上看到的文学只是一部分。民间乐府通俗的东西，不得看见。词可说是从南北朝的民间乐府来的，如《子夜歌》尚整齐，《读曲歌》则有三言、五言，如《望江南》。

前引沈约《六忆诗》中之二首，描写闺阁之情，很好。句法长短很合词的条件。梁武帝萧衍的《江南弄》《采莲曲》这些歌曲亦是长短句，可以作为讨论词的起源的例证。

晚唐五代词 浦江清

晚唐

此为小令之全盛时代。

词的萌芽时代在中唐。李白有《菩萨蛮》《忆秦娥》，可疑。中唐的词，还没有脱离诗的面目。

晚唐温庭筠的《菩萨蛮》可靠，真正的词始于此。唐宣宗很赏识。"蛮"一作"鬘"，但菩萨曲则为佛曲，是西域的舞曲，七言五言夹杂。温庭筠词甚多，以《菩萨蛮》《更漏子》《南歌子》为最著，富丽。

宋时传飞卿词一卷，今《花间集》中有六十六首，《尊前集》有五首。旧说其词有《握兰》《金荃》二集，《新唐书·艺文志》谓《握兰集》三卷、《金荃集》十卷。据王静安考订云是诗文集，非词集，其词只《金荃词》一卷，宋时存。今王氏有《金荃词》辑一卷。

韩偓，《尊前集》载其《浣溪沙》二首。王静安又从其《香奁集》中辑出长短句十首，成《香奁词》一卷。唐人长短句格调与五、七绝混，故入诗集也。其《忆眠时》《忆行时》《忆老时》三首，系祖沈约《六忆诗》。自沈约创此，隋炀帝继之，韩冬郎又继之。故杨升庵认为词之祖也。

其余和凝、皇甫松皆有词。和凝有《渔父》仿张志和，皇甫松有《竹枝》《杨柳枝》仿刘梦得，《忆江南》仿白乐天、刘梦得。王氏谓其《忆江南》高于刘、白。

五代

五代的词可分两部分：西蜀与南唐。当时有五代十国，都是僭窃。有兵权的割据一方。西蜀、南唐亡于宋。

1．西蜀

自唐末乱后，韦庄入蜀，文学遂盛于蜀。

前蜀主王建、王衍极好文学。后蜀主孟昶有《玉楼春》词"冰肌玉骨清无汗，水殿风来暗香满"。苏轼曾改之为《洞仙歌》者。昶妃为花蕊夫人，效王建作宫词百首，亦有词。

而臣中作词者有韦庄、牛峤、牛希济、毛文锡、薛昭蕴、魏承班、尹鹗、李珣（皆前蜀）。欧阳炯、顾夐、鹿虔扆、阎选、毛熙震（皆后蜀）。

赵崇祚，蜀人，编《花间集》，为词总集之最早者，赵为蜀人，故多收蜀作品。欧阳炯为《花间集》作序。

词作者中当然以韦庄最重要。《花间集》有其词四十八首，《尊前集》载五首，《草堂诗余》一首。以四首《菩萨蛮》为最有名。其词与温飞卿并称"温韦"，是《花间集》中精华。其《菩萨蛮》较温好，诗亦较温好，其名作还有《秦妇吟》。他有《浣花集》。读他的词不胜感慨，流落西蜀，常念长安，感情很深。

除后主李煜、冯正中外，韦庄为小令一大家。夏承焘有《韦庄年谱》。

《花间集》编选时并未定名为词，是作为新的乐府选出来的。后人学词，以《花间》为一派，作小令的亦以之为一派。

2. 南唐

就词而言，南唐比西蜀更重要。

南唐李昇，一云本姓潘氏。为吴杨行密之养子。杨氏诸子不能容，行密托之徐温，遂又为徐氏养子，名徐知诰。知诰大用于吴，至晋天福二年（937年）篡吴自立，称帝于金陵，国号唐，托为唐宗室之后。943年卒，长子璟嗣立。周显德五年（958年），去帝号，称唐主，即中主是也。

南唐中主、后主二帝皆词家。中主李璟，少读书，筑馆于庐山瀑布前。有善歌人王感化最得宠。尝醉命王感化歌《水调词》，王唯歌"南朝天子爱风流"一句，如是者数四以为讽谏。璟作《浣溪沙》二阕手写赐之。其一曰：

> 菡萏香销翠叶残，西风愁起绿波间。还与韶光共憔悴，不堪看。
>
> 细雨梦回鸡塞远，小楼吹彻玉笙寒。多少泪珠无限恨，倚阑干。

冯延巳（正中）作《谒金门》一词，曰：

193

风乍起，吹皱一池春水。闲引鸳鸯芳径里，手挼红杏蕊。

　　斗鸭阑干独倚，碧玉搔头斜坠。终日望君君不至，举头闻鹊喜。

　　中主曰："吹皱一池春水，干卿何事？"冯曰："未若陛下'小楼吹彻玉笙寒'也。"

　　荆公问山谷，江南词何处最好，山谷以"一江春水向东流"为对。荆公云："未若'细雨梦回鸡塞远，小楼吹彻玉笙寒。'"

　　王静安云："南唐中主词'菡萏香销翠叶残，西风愁起绿波间'大有众芳芜秽、美人迟暮之感，乃古今独赏其'细雨梦回鸡塞远，小楼吹彻玉笙寒'。故知解人正不易得。"（《人间词话》）

　　南唐后主名煜（937—978），字重光。其生年即李昪建国之年，生死皆七夕。生得丰额骈齿，一目重瞳子。善属文，工书画，性仁孝。周亡，赵匡胤称帝。中主割江北，迁都南都（豫章），李煜留金陵监国，时二十五岁也。次年（961年）中主忧郁而殂。后主立，以妃周氏为后。后小字娥皇。通书史，善歌舞，尤工琵琶，得《霓裳》残谱奏之，使开元天宝遗音复传于世。年三十卒，后主悼之哀甚，以长诔悼亡。又续娶其妹，为小周后，有宠。李煜一首《菩萨蛮》即为小周后作：

　　花明月暗笼轻雾，今宵好向郎边去。划袜步香阶，手提金缕鞋。

　　画堂南畔见，一晌偎人颤。奴为出来难，教君恣意怜。

李煜事佛修寺。

李煜事亲甚谨。以弟从善入朝，宋留之不遣，甚郁之，赋《却登高文》：

　　岂知忘长夜之靡靡，累大德于滔滔。怆家艰之如毁，萦离绪之郁陶。陟彼冈兮企予足，望复关兮睎予目，原有鸰兮相从飞，嗟予季兮不来归。……

兄弟情深，伤感至极。后宋兴师来伐，求贡缓师皆不可，使徐铉言于宋主，宋太祖曰："卧榻之侧，岂容他人鼾睡耶？"开宝八年（975年），曹彬俘后主，后主冒雨登舟渡江，回望石城泣下，赋诗云：

　　江南江北旧家乡，三十年来梦一场。

　　吴苑宫闱今冷落，广陵台殿已荒凉。

　　云笼远岫愁千片，雨打归舟泪万行。

　　兄弟四人三百口，不堪闲坐细思量。

　　至汴京，太祖封之为陇西公，小周后封郑国夫人。小周后每随命妇入宫，必大泣骂后主无用，声闻于外，后主宛转避之。后主与金陵旧宫人书云："此中日夕，只以眼泪洗面。"

李煜太平兴国三年（978年）薨，计入宋三年也。宋太宗因其词中有"故国不堪回首"句，以其七夕生日大宴，赐牵机药死。凶问至江南，父老多有哭者，小周后大悲死。

李煜善书法，通音乐，善词曲，为一艺术家。澄心堂是他写字的地方，其纸和墨都很可贵。南唐词多后主手书，宋人珍之。其词之传于后，多出写本。二主词有南宋初年长沙刊本。王静安氏有辑本（见《海宁王忠悫公遗书》四集），所辑略得其旧。《南唐二主词》后刊入《晨风阁丛书》。管效先《南唐二主全集》亦很好。

陆游《南唐书》载，南唐宫中藏钟、王以来墨帖至多，保仪黄氏实掌之。城将陷，后主谓之曰："此皆先帝所宝，城若不守，汝即焚之，无为他人得。"及城陷，悉焚，无遗者。

李煜性仁厚，可惜国运已完，其词作，堪称一代名家。

李煜作品很多，到了北方后，怀着故国之思、亡国之痛，感慨遂深，故另有一番气象。如：

无言独上西楼，月如钩。寂寞梧桐深院锁清秋。

剪不断，理还乱，是离愁。别是一般滋味在心头。（《相见欢》）

春花秋月何时了？往事知多少！小楼昨夜又东风，故国不堪回首月明中。

雕栏玉砌应犹在，只是朱颜改。问君能有几多愁？恰似一

江春水向东流。（《虞美人》）

  帘外雨潺潺，春意阑珊。罗衾不耐五更寒。梦里不知身是
客，一晌贪欢。
  独自莫凭栏。无限江山，别时容易见时难。流水落花春去
也，天上人间。《浪淘沙》

想念故国，有天上人间之感。

  李煜小令独立一家，比温、韦更深。王静安《人间词话》对
李后主特别欣赏，谓"温飞卿之词，句秀也。韦端己之词，骨秀
也。李重光之词，神秀也"。又称其有赤子之心，谓"……后主
之词，真所谓以血书者也。宋道君皇帝《燕山亭》词亦略似之。
然道君不过自道身世之戚，后主则俨有释迦、基督担荷人类罪恶
之意，其大小固不同矣"。

  冯延巳（正中），南唐中主时之宰相。小令中一大家。有
《阳春集》。除前引《谒金门》外，最著称的有十几首《鹊踏
枝》（后改名《蝶恋花》），但其中有的与欧阳修词相混，如"庭
院深深深几许"一首，李清照认为是欧作。

  张泌（子澄），词见《花间集》。

  五代词人不属西蜀、南唐之词家，尚有孙光宪（孟文），即
《北梦琐言》之作者，《花间集》《尊前集》均有其词。

柳永 浦江清

    词在北宋初，欧阳修与二晏并称"欧晏"，为第一期，继承着晚唐五代的传统，写小令而有所提高。

    但其时民间俗曲又有发展，从小令发展成慢词，增添不少新鲜曲调，为歌妓们所传唱。慢词字数增多，普通，是六十到一百字，也有一百以上的；节奏较慢，比小令更能铺叙描写。

    第一个结合俗曲而创造新词大量制作慢词的是柳永。吴曾《能改斋漫录》：

> 词自南唐以后，但有小令。其慢词盖起宋仁宗朝。中原息兵，汴京繁庶，歌台舞席，竞赌新声。耆卿失意无俚，流连坊曲，遂尽收俚俗语言，编入词中，以便伎人传习。一时动听，散播四方。其后东坡、少游、山谷辈，相继有作，慢词遂盛。

    柳永，初名三变，字耆卿，福建崇安人。生卒无考（约990—1050）。久居汴京，"喜作小词，然薄于操行"。他过着放荡的生活，屡困场屋。有《鹤冲天》词："黄金榜上，偶失龙头望。明代暂遗贤，如何向。未遂风云便，争不恣狂荡。何须论得丧。才子词人，自是白衣卿相。　　烟花巷陌，依约丹青屏障。幸有意中人，堪寻访。且恁偎红依翠，风流事、平生畅。青春都一晌。忍把浮名，换了浅斟低唱。"他的词不仅风格上脱却晏欧时期的以含蓄为高、短隽入胜，在内容上是淋漓尽致地写"羁旅悲怨之辞，闺帏淫媟之语"（《宋六十名家词》）。因此曾被"务本向道"的宋仁宗斥为"浮华"。直到仁宗景祐元年（1034年）方中进士，官屯田员外郎。因此有"柳屯田"的称号。

柳永词名甚高，他写的词，都是当时歌唱的民间俗曲。叶梦得《避暑录话》说他"为举子时，多游狭邪，善为歌词。教坊乐工每得新腔，必求永为辞，始行于世"。《古今词话》载：

真州柳永少读书时，遂以此词（无名氏《眉峰碧》题壁），后悟作词章法。一妓向人道之，永曰："某亦愿变化多方也。"然遂成屯田蹊径。

所以，柳永词可以称得上当行本色。张端义《贵耳集》说：诗当学杜诗，词当学柳词；盖词本管弦冶荡之音。永所作，旖旎近情，尤使人易入也。以至于"凡有井水饮处，即能歌柳词"。（《避暑录话》："余仕丹徒，尝见一西夏归朝官云。"）潦倒、浪漫、饮酒、写词，柳永的一生，就是在这样的生活中过去的。他死之后，当时的人都很追念他：

柳耆卿风流俊迈，闻于一时。既死，葬于枣阳县花山。远近之人，每遇清明日，多载酒肴饮于耆卿墓侧，谓之"吊柳会"。(《独醒杂志》)

　　仁宗尝曰："此人任从风前月下，浅斟低唱，岂可令仕宦。"遂流落不偶，卒于襄阳。死之日，家无余财，群妓合金葬之于南门外。每春月上冢，谓之"吊柳七"。(《方舆胜览》)

《避暑录话》谓柳永死在润州（今江苏丹徒）一僧寺，郡守求其后不得，乃为出钱葬之。

可见其影响之大。词人王观自名其集曰《冠柳》。后来王渔洋还有"残月晓风仙掌路，无人为吊柳屯田"之句。

柳永的词，用俗曲、俗语、俗字写当时城市居民的生活、思想，写飘泊的诗人的情绪与肉体的追求，脱尽"花间"以来的习气。他的精神比"能逐弦吹之音，为侧艳之词"的温庭筠更为解放。当时有许多人都批评他的词俚俗、尘下、词格不高。

　　少游自会稽入都，见东坡。东坡曰："不意别后，公却学柳七作词。"少游曰："某虽无学，亦不如是。"东坡曰："'销魂当此际'，非柳七语乎？"(《高斋诗话》)

其实，虽然东坡反对柳词，但他还问人："我词何如柳七？"

（见《吹剑录》）

陈质斋评王观云："逐客词格不高，以'冠柳'自名，则可见矣。"此亦是对柳永的批评。

女词人李清照批评柳词"词语尘下"，后来黄花庵、孙敦立辈亦谓其"多近俚俗""多杂以鄙语"。其实柳词的好处即在于俗，为词的当行本色。有创造力。

认真说，柳永创为慢词之后，一般人都渐渐向这条新路径走来。秦少游被东坡指出学柳的证据，只好不语。东坡事实上也佩服柳词，他读"霜风凄紧，关河冷落，残照当楼"等句，也惊赏其"不减唐人高处"而代为分辩其"非俗"。（《侯鲭录》）

柳永词的特色是：（1）皆能配合乐曲歌唱；（2）多慢词，为新兴的曲调；（3）不避俗言俗语；（4）表达市民阶层的思想感情。

柳永的词，大概分之可为三类。

第一类，以男女爱情为题材，写男女之情。柳词写爱情，沿着才子佳人式的传统，但所谓才子只如他那样的才子，也是浪子（狎客），佳人如汴京的名妓之类，因而变为商业化的市民的爱情。柳永写他们的欢爱、离别、盟誓，词虽俚俗，的确表现了当时市民的思想感情。

柳永的词写欢爱少，写离别怀旧多。写欢爱不免腻俗，写离别比较深刻。虽然浪漫式的享乐式变态的爱情，绝不是真爱情，也反映了那个社会的病态。同时这类的诗歌，实在也源于真正的民歌如南朝的子夜歌、读曲歌等，不过加上宋代都市社会的特色而已，也可以助长人的真挚的爱情的产生。他写盟誓的方面是成功的。例如，《玉女摇仙佩》歌颂女性的美色，比之神仙与名花。下半阕表达欢爱与盟誓，佳人才子，风流自责。"今生断不孤鸳被"，着重在一结爱情，永不抛弃。开《西厢记》《长生殿》等文学作品之先河。又如《洞仙歌》："断不等闲轻舍。鸳衾下。愿常恁、好天良夜。""况已结深深愿，愿人间天上，暮云朝雨长相见。"《征部乐》："待这回、好好怜伊，更不轻离拆。"此类本非夫妇之情，为野鸳鸯所必需的。重情谊，责备负情，为女性爱情的保障，因而为女性所爱唱。既抛开后，则有悔恨，例如《忆帝京》："系我一生心，负你千行泪。"还有虽相爱而无法相聚的，如《婆罗门令》："彼此空有相怜意，未有相怜计。"皆曲折而能达。具体，生动；不抽象，不概念化。

前引《鹤冲天》，写他自己的浪漫生活、一半自叙、一半也劝普天下考不上进士的，教他们尽管风流玩赏，把功名看淡。这是反功利主义的。（例如《西厢记》中的张生就对于莺莺的追求十分热情，而把功名却看得不在乎，这也是多情才子派。）

第二类，写都市繁华生活、民间风俗、四时节令之曲。如《望海潮》：

　　东南形胜，三吴都会，钱塘自古繁华。烟柳画桥，风帘翠幕，参差十万人家。云树绕堤沙，怒涛卷霜雪，天堑无涯。市列珠玑，户盈罗绮，竞豪奢。

　　重湖叠巘清嘉，有三秋桂子，十里荷花。羌管弄晴，菱歌泛夜，嬉嬉钓叟莲娃。千骑拥高牙，乘醉听箫鼓，吟赏烟霞。异日图将好景，归去凤池夸。

写钱塘杭州的繁华和风景，酣畅淋漓。"三秋桂子，十里荷花"，为名句。相传宋金对峙时，金主完颜亮读到它，起进攻临安之野心。（《钱塘遗事》）写都市享乐生活的如《玉楼春》："皇都今夕知何夕。特地风光盈绮陌。金丝玉管咽春空，蜡炬兰灯烧晓色。　　凤楼十二神仙宅。珠履三千鹓鹭客，金吾不禁六街游，狂杀云踪并雨迹。"柳永表现了北宋时代都市的物质生活和统治者荒淫生活以及文人妓女的浪漫生活，是有其现实意义的。不过作者自己沉溺在声色中，他不在暴露批判，而在留恋赞美，粉饰太平。

柳永词歌咏四时节令。如《二郎神》的咏七夕，以"愿天上人间，占得欢娱，年年今夜"作结，仍重在言情。境界极似后来《长生殿·密誓》折。又如他写都城元宵佳节的《倾杯乐》以"盈万井、山呼鳌拃。愿岁岁，天仗里、常瞻凤辇"作结，非常庸俗，但只是词曲的陈套如此。教坊伎乐用于帝都节令喜庆不能不如此也，市井文艺和宫廷文艺合流。

柳词也有描写风景的，如《夜半乐》："泛画鹢、翩翩过南浦。　　望中酒旆闪闪，一簇烟村，数行霜树。残日下、渔人鸣榔归去。败荷零落，衰柳掩映，岸边两两三三，浣纱游女。避行客，含羞相笑语。"写初秋光景确很清幽细致。

第三类，写羁旅、行役、送别、怀人的感情。如《雨霖铃》：

　　　　寒蝉凄切，对长亭晚，骤雨初歇。都门帐饮无绪，留恋
　　处，兰舟催发。执手相看泪眼，竟无语凝噎。念去去千里烟
　　波，暮霭沉沉楚天阔。

　　　　多情自古伤离别，更那堪、冷落清秋节！今宵酒醒何处？
　　杨柳岸，晓风残月。此去经年，应是良辰好景虚设。便纵有千
　　种风情，更与何人说？

写秋景送别，全首气氛均好，不但"今宵酒醒"二句千古传诵，
即"念去去千里烟波，暮霭沉沉楚天阔"，阔大高远，亦自难
及。再如《八声甘州》：

　　　　对潇潇暮雨洒江天，一番洗清秋。渐霜风凄紧，关河冷
　　落，残照当楼。是处红衰翠减，苒苒物华休。惟有长江水，无
　　语东流。

　　　　不忍登高临远，望故乡渺邈，归思难收。叹年来踪迹，
　　何事苦淹留！想佳人、妆楼颙望，误几回、天际识归舟。争知
　　我、倚栏干处，正恁凝愁！

这是一首登高望远思归之作。"霜风凄紧"三句与"惟有长江水，
无语东流"均佳。后半阕设想佳人妆楼长望，有回旋照顾、两面
相关之妙。另一首《卜算子慢》意境亦同。这些词，意境高雅，

亦是文人词，而以铺叙见长。

历来对柳词评价不高，这是不公平的。他的词长于铺叙，描写具体，能表达男女心理，善于吸收俗语。他的词代表当时词家本色，不离曲艺情调，比艺人所作提高一步，大有影响于诸宫调及戏曲文学。（如董西厢、王西厢、元人杂剧曲调及南戏采柳永词不少。）他的词代表市民阶层的文艺，反映当时商业发达，都市繁华，市民的奢侈享乐生活，男女欢合离别的复杂变化与内心生活，代表词曲的基本情调。

对于柳词艺术，周介存说它"铺叙委婉，言近意远，森秀幽淡之趣在骨"。吴瞿安指出其缺点是"多直写，无比兴，亦无寄托。见眼中景色，即说意中人物，便觉率直无味。……且通体皆摹写艳情，追述别恨，见一斑已具全豹"。

柳永的词集名《乐章集》，毛氏《宋六十名家词》本和朱氏《彊村丛书》本最为完善。（《全宋词》卷31—32，凡210首，附录9首。）

苏轼的词 浦江清

　　词最初只是小曲，写男女爱情，写相思、别离或幽会，写都市的繁华、风景的秀美和民间的习俗，是用于浅斟低唱。苏轼推动了词的发展，扩大了词的范围。他以古文的笔调来写诗，又以写诗的笔调来写词，扩大了词的题材和意境。苏轼的词无所不写，吊古伤时、悼亡送别、说理咏史、山水田园或自伤身世，内容广泛，一扫艳词柔靡之陋。东坡居士词，"横放杰出，自是曲子中缚不住者"（晁无咎语）。当然他的词也可以歌唱，因为他无论写小令、长调都合于音律的，不过也可以不必歌唱的。他只是利用长短句法的流动变化的形式来写抒情诗罢了。这又表现了苏轼的自由解放的性格。我们可以说他的词是脱离音乐的解放诗。

　　当时，柳永的词是当行本色，婉约而纤丽；苏轼写的则是怀古之类的"大江东去"，豪放得使人有"天风海雨逼人"之感（陆放翁语）。《吹剑录》云：

　　　　东坡在玉堂日，有幕士善歌，因问："我词何如柳七？"
　　　　对曰："柳郎中词只合十七八女郎，执红牙板，歌'杨柳岸，晓风残月'。学士词须关西大汉，铜琵琶，铁绰板，唱'大江东去'。"东坡为之绝倒。

这里可以看出苏词、柳词的不同之处。苏轼写词"无意不可入，无事不可言"。他的词从思想内容到艺术风格都发生了变革，开创了一个词派，称为豪放派，与婉约派相对。

最能代表苏轼词作的是《水调歌头·明月几时有》和《念奴娇·赤壁怀古》。先看《水调歌头》：

> 丙辰中秋，欢饮达旦，大醉。作此篇，兼怀子由。
>
> 明月几时有，把酒问青天。不知天上宫阙，今夕是何年。我欲乘风归去，又恐琼楼玉宇，高处不胜寒。起舞弄清影，何似在人间。
>
> 转朱阁，低绮户，照无眠。不应有恨，何事长向别时圆。人有悲欢离合，月有阴晴圆缺，此事古难全。但愿人长久，千里共婵娟。

写月夜醉后的心情。由月的神话故事，幻想乘风归去，自比如李白之为谪仙人。先是有感觉人生苦闷、渴求解放的心怀。此后转到"又恐琼楼玉宇，高处不胜寒"，不若留在人间，表示对于人生的依恋，热爱此生，并不羡慕神仙，脱离现实。（亦比《赤壁赋》中的思想。）下半阕咏月，从月的阴晴圆缺，比人生的悲欢离合，而以此事古难全为安慰。通彻于物理人情，然后得到超然的、旷达的情怀。最后表示兄弟的永久怀念，互祝健康，"千里共婵娟"。此篇是对月怀人的最佳之作。曲折奔放，说理抒情兼胜。再看下一首《念奴娇·赤壁怀古》：

　　大江东去，浪淘尽、千古风流人物。故垒西边，人道是、三国周郎赤壁。乱石穿空，惊涛拍岸，卷起千堆雪。江山如画，一时多少豪杰！

　　遥想公瑾当年，小乔初嫁了，雄姿英发。羽扇纶巾，谈笑间、强虏灰飞烟灭。故国神游，多情应笑我，早生华发。人间如梦，一尊还酹江月。

《念奴娇》一词，同《赤壁赋》。开头"大江东去，浪淘尽、千古风流人物"，豪放之至。（关汉卿《单刀会》曾采用其词句。）"乱石穿空"五句，把长江风景概括写出，气势浩瀚。接着由怀古而思今，思古人而不见，叹今吾之易老。山川地理、历史人物、个人感想都融合在此篇中。吊古豪情逸致，一洗浅斟低唱脂粉气之陋。此类胸襟，非柳耆卿所能作。在这词里突出表现了东坡自己的形象，伟大的诗人的形象。

此二词，均接近于李白的诗。

人民热爱李白那样的诗人，同样也热爱苏轼那样的诗人。积极的浪漫主义是他们共同的特点。苏轼与李白不同的，李白有求仙思想，有建功立业、功成身退的思想；苏轼则不同，在诗词中处处表现其受仕宦的羁绊，而要求在苦闷中求解放耳。《临江仙·夜归临皋》词中云："长恨此身非我有，何时忘却营营。夜阑风静縠纹平。小舟从此逝，江海寄余生。"期待解脱获得精神自由是何等迫切。

苏轼词气韵沉雄豪放，突破了"花间派"的表现形式，也突破了它的描写内容。所以，有人说他的词"一洗绮罗香泽之态，摆脱绸缪宛转之度，使人登高望远，举首高歌，而逸怀浩气，超然乎尘垢之外。于是《花间》为皂隶。而者卿为舆台矣"（胡寅《题酒边词》）。但也因此被目为"别格"，《四库提要》说：

> 词自晚唐、五代以来，以清切婉丽为宗，至柳永而一变，如诗家之有白居易；至轼而又一变，如诗家之有韩愈，遂开南宋辛弃疾等一派。寻源溯流，不能不谓之别格；然谓之不工则不可。

李清照批评苏词为"句读不葺之诗"。连出自苏门的陈师道也谓"子瞻以诗为词，如教坊雷大使之舞，虽极天下之工，要非本色"（《后山诗话》）。此局限于词为音乐小曲的词律派的见解，非笃论也。

但东坡词亦非一味豪放，也有极细腻、婉约的词。如《水龙吟·次韵章质夫杨花词》：

> 似花还似非花，也无人惜从教坠。抛家傍路，思量却是、无情有思。萦损柔肠，困酣娇眼，欲开还闭。梦随风万里，寻

郎去处，又还被、莺呼起。

　　不恨此花飞尽，恨西园、落红难缀。晓来雨过，遗踪何在？一池萍碎。春色三分，二分尘土，一分流水。细看来，不是杨花，点点是离人泪。

前半阕非常工细，后半阕大方、概括，仍细致。"春色三分，二分尘土，一分流水。细看来，不是杨花，点点是离人泪。"声韵谐婉，凄婉动人。比章质夫原作还好。对比之下，原作反显得有"线绣工夫"（《曲洧旧闻》），所以，王国维《人间词话》说："东坡《水龙吟》咏杨花，和韵而似原唱。章质夫词，原唱而似和韵。才之不可强也如是！"此外，还有《洞仙歌》《贺新郎》。前者据苏轼自序，是他早年闻一老尼诵孟昶与花蕊夫人避暑于摩诃池上所作词二句，因足成之。"绣帘开，一点明月窥人；人未寝，欹枕钗横鬓乱"。亦旖旎风光之至。（关于此词，可参考《阳春白雪》《乐府余论》《墨庄漫录》《词综》诸书。）《贺新郎》"乳燕飞华屋"写闺情。前半阕写夏景，后半阕咏榴花，借以表达美人迟暮之感，亦细致。（《古今诗话》谓此词是苏轼为官伎解围之作，《苕溪渔隐丛话》力驳其非。）此皆词的传统内容，而稍稍提高它的本质，大方浑厚，不伤纤巧。在这些词中也见到他的自然不羁的风格。

　　苏词除豪放外，又见清新。如《江城子》"天涯流落思无穷"首；《蝶恋花》"花褪残红青杏小""簌簌无风花自䕆"；《卜算子》咏雁，比兴深微，境界很高。

写到农民生活的，有几首《浣溪沙》"麻叶层层苘叶光""簌簌衣巾落枣花"等，清新优美，情景交融。

怀念欧阳修的，有《醉翁操》（琴曲），悼念他的妻子的，有《江城子》"十年生死两茫茫"，而寄怀子由的，还有不少首词，都是情感真挚的抒情小曲。

苏轼于词中不用典故。纯粹抒情，比他的诗更能深入浅出，容易理解与欣赏。

苏轼开创了豪放词派，他的词影响了南宋的爱国词人辛弃疾，两人并称为"苏辛"。

苏轼的词集叫《东坡词》，有《宋六十名家词》本一卷；又名《东坡乐府》，有《四印斋所刻词》本二卷及《彊村丛书》本三卷。

周邦彦与大晟词人 浦江清

苏轼去世之后，代表词而又有相当成就的作家是周邦彦。周邦彦（1056—1121），字美成，自号清真居士，钱塘（杭州）人。他在宋神宗元丰年间曾献《汴都赋》，颇有文才。在宋徽宗朝，提举大晟府。也曾出外任州县官，卒于处州。词作极多，词集名《清真词》，一名《片玉词》。

大晟府是教坊音乐机构，研究古代音乐，定律吕，并搜集俗乐，制定新曲。周邦彦通晓乐律，并且文辞很美。他写了许多词，也制作了许多新的曲子——长调。这些新的曲子大部分就宫廷音乐加以改编、发展，如《兰陵王》《六丑》等。他按照这些曲调来填词，语言典雅，音调和谐。

《清真词》的内容与柳永词相仿佛，以爱情、别离、怀人、春夏秋冬四时节令、吟物为题材。善作长调，曲折铺叙。声调谐和而沉着大方。讲究作词的法度。不但讲究平仄，并且讲究四声去上，一字不苟。每出一章，往往填词者奉为典范。填词家评其"下字运意，皆有法度"（沈伯时《乐府指迷》）。又谓美成词"浑厚和雅，善于融化诗句"（张炎《词源》）。其所谓"诗句"，指唐人诗。周邦彦词词句工稳、清丽，声调流美，运意曲折、沉着。

向来把周邦彦词奉为词家正宗，这是讲究格律一派的看法。选本如《草堂诗余》等选周词甚多。王国维有《清真先生遗事》。周邦彦词，以思想内容而论，出于苏辛派之下，已开词匠作风；不如柳永的自由浪漫，而是典雅派；不如苏轼的豪放，而是凝重的气息。

周邦彦词影响了南宋词家，如梦窗（吴文英）等。南宋以后都奉之为作词的最高标准。词作都在细细考究平仄四声、乐律曲谱，不重内容、思想，只在格律词句上下功夫。这是周词的坏影响。前人对周词评价太高，有人比之为词中杜甫，尤其不恰当。

同为大晟词人的，有晁端礼与万俟咏，多节令与应制之作，是宫廷派词人，御用词人，其粉饰太平的作品毫无价值，毫无生气。

李清照 浦江清

　　李清照（1082—1140？[①]），济南（今属山东）人，自号易安
居士，是北宋末年文学修养最高的女作家。能词，能诗，也能作
古文和骈文。父亲李格非，是有名的古文家，母亲是状元王拱辰
的孙女，亦善文，她从小就生活在一个文学气氛很浓的环境里。

　　李清照年十八嫁赵明诚（太学生，山东诸城人），赵父挺
之也是文人，官位很高。夫妇二人感情相得，时游相国寺，市碑
帖。其时家境不甚宽裕，节衣缩食，市书籍碑帖，研究金石历
史。明诚亦有文才，但诗词不如清照，清照曾于重阳日作《醉花
阴》词，明诚亦为数十首，以示客，客称其中三句绝佳，正清照
所作也。其后，赵挺之为宰相，排斥元祐党人，格非以党籍罢，
清照上诗挺之，有"何况人间父子情"之句，颇为哀怨。明诚后
屏居乡里十年，二人同作钞书、校勘金石工作。后明诚赴青州、
莱州做官。靖康之变，明诚奔母丧于金陵。其年十二月，金人陷

[①] 陆游《夫人孙氏墓志铭》："夫人幼有淑质。故赵建康明诚之配李氏，以文辞名
家，欲以其学传夫人。时夫人始十余岁，谢不可，曰：'才藻非女子事也。'"
孙氏生于绍兴十一年（1141年），由此可知，李清照当卒于1151年之后。

214

青州，十余屋书籍被焚毁，仅携出于金陵之书物尚存。建炎二年（1128年），明诚为江宁府，清照亦在江宁。常值天大雪，顶笠披蓑，循城远览，作诗词，邀明诚赓和。翌年明诚罢官，将赴江西，起湖州，诏赴行在，清照居池阳，与之别。明诚赴行在（建康），病卒（1129年）。时清照年四十八。为文祭之，中有"白日正中，叹庞翁之机捷。坚城自堕，怜杞妇之悲深"之句。葬明诚讫，清照欲赴洪州，因张飞卿玉壶事被谤，赴越州行在。（金人破洪州，书物散失。）清照赴台州、衢州，最后定居杭州。

约在1134年顷，作《〈金石录〉后序》，时年五十二三。明诚《金石录》一书为宋代学术界之名著，《后序》详记夫妇二人早年之生活嗜好，及后遭逢离乱，金石书画由聚而散之情形，不胜死生新旧之感，一文情并茂之佳作也。赵、李事迹，《宋史》失之简略，赖此文而传，可以当一篇合传读，故此文体例虽属于序跋类，以内容而论，亦同自叙文。清照本长于四六，此文却用散笔，自叙经历，随笔题写，其晚景凄苦郁闷，非为文而造情者，故不求其工而文自工也。

清照代表北宋时期文学修养最高的妇女，为中国文学史上有名的女作家，可比班昭、左芬一流人物。虽以词著名，亦善诗、四六、古文，惜其四六与诗皆散失，零篇断句见于宋人书籍中，有《浯溪中兴颂碑和张文潜》诗等。见清人俞正燮所辑《易安居士事辑》一文（见其《癸巳类稿》）及四印斋《漱玉词》的附录。

李清照有《词论》，见《苕溪渔隐丛话》一书。她说：

逮至本朝，礼乐文武大备，又涵养百余年，始有柳屯田永者，变旧声，作新声，出《乐章集》，大得声称于世，虽协音律，而词语尘下。又有张子野、宋子京兄弟、沈唐、元绛、晁次膺辈继出，虽时时有妙语，而破碎何足名家。至晏元献、欧阳永叔、苏子瞻，学际天人，作为小歌词，直如酌蠡水于大海，然皆句读不葺之诗尔，又往往不协音律者。……王介甫、曾子固文章似西汉，若作一小歌词，则人必绝倒，不可读也。乃知词别是一家，知之者少。后晏叔原、贺方回、秦少游、黄鲁直出，始能知之。又晏苦无铺叙，贺苦少典重，秦即专主情致而少故实，譬如贫家美女，虽极妍丽丰逸，而终乏富贵态。黄即尚故实而多疵病，譬如良玉有瑕，价自减半矣。

　　她对名家都有所批评，非常中肯。她重视音律，要求词音调好，内容新。她作词，能兼众家之长，用浅俗之语，发清新之思。与苏轼的"达""畅"相同。她的词有生活内容，有真感情。她久经丧乱，在她的词中反映了南渡前后一般人民的痛苦流亡的生活。她的代表作有《如梦令》"昨夜雨疏风骤"、《一剪梅》"红藕香残玉簟秋"、《声声慢》"寻寻觅觅"、《醉花阴》"薄雾浓云愁永昼"等。《声声慢》写秋日黄昏时的孤寂，感情深沉，明白晓畅，近于豪放。《醉花阴》写重九，最后三句"莫道不销魂，帘卷西风，人比黄花瘦"为人们所广泛传诵。清照晚年在杭忆旧之作有《永遇乐》，颇为凄婉：

落日镕金，暮云合璧，人在何处？染柳烟浓，吹梅笛怨，春意知几许！元宵佳节，融和天气，次第岂无风雨？来相召，香车宝马，谢他酒朋诗侣。

中州盛日，闺门多暇，记得偏重三五。铺翠冠儿，撚金雪柳，簇带争济楚。如今憔悴，风鬟雾鬓，怕见夜间出去。不如向帘儿底下，听人笑语。

此词下半阕是怀念中州元宵佳节盛况，叹中州沦陷，遭遇乱离，写个人晚年凄寂心境。写东都的旧日繁华，其间包含有一定的爱国情绪。

清照词甚少标题，难于编年。此首可知为晚年作品，其他不易确定。

宋代女词人，在北宋有曾布妻魏夫人，在南宋有朱淑真（有《断肠词》）。以清照词作最多，成就亦最高。

在文学史上的女作家有班昭、蔡琰、左芬、鲍令晖、薛涛等（唐以前），宋以后有弹词、戏曲作家数人。诗文词作者虽众，杰出者不多。

关于李清照生年（1082年），依俞正燮元符二年年十八之论。刘大杰《中国文学发展史》为1081年。另据《〈金石录〉后序》中"陆机作赋"二句之解释，建中辛巳（1101年），如此年清照十八岁，则生于1084年。

南渡初期作家 浦江清

北宋末年政治很腐败。宋徽宗任用蔡京、王黼、童贯、梁师成、李彦、朱勔六贼，内忧外患交并。其时有一个读书人，对国家有责任感，上书请除六贼，他就是太学生陈东。这是学生参加政治运动的先声。靖康之变以后康王构（高宗）即位于南京，用黄潜善、汪伯彦为相，无志北上。是时，各地义兵，包括河北太行山的八字军（面上刺"赤心报国，誓杀金贼"八字）、忠义巡社、山西红巾军等纷纷起来抵抗金兵，李纲、宗泽等贤臣主张利用民间自卫的力量一致抗敌。当时金人南下是寇掠性质，搜括粮食、财帛。要在黄河流域巩固统治政权，一时是做不到的。可叹的是，赵构不能重用李纲、宗泽等，而用了黄、汪两人，没命地南逃，没有勇气抗敌，所以中原的民兵很散漫，不能发挥一致对外的力量。

1127年宗泽为东京留守，1128年，金兀术犯东京，宗泽败之，本可借此恢复中原，时赵构在扬州，不肯北还。宗泽前后请帝还京二十余奏，每为黄潜善、汪伯彦所抑。1128年秋七月，宗泽忧愤成疾，疽发于背，诸将入问疾，泽矍然曰："吾以二帝蒙尘，愤愤至此，汝等能歼敌，则我死无恨。"众皆流涕曰："敢不尽力！"诸将出，泽叹曰："出师未捷身先死，长使英雄泪满襟。"（杜甫诗句）无一语及家事，但连呼过河者三而卒，年七十。

李纲在1127年曾入相，极短期复罢。纲最得人望，纲之罢斥，陈东与欧阳澈力争之。陈东上书乞留纲，而罢黄、汪，又上疏请帝亲征，以还二圣，治诸将不进兵之罪；车驾宜还东京，勿幸金陵。不报。布衣欧阳澈，徒步诣行在，伏阙上书，极诋用事大臣。黄潜善以语激帝，遂杀陈东与欧阳澈。

高宗罢斥李纲，而重用黄潜善与汪伯彦，以后又重用秦桧，一意求和。高宗既惧怕金人，又私意在保持帝位，怕钦宗南归。其时，人民寄希望于抗金将领岳飞和韩世忠。

岳飞（1103—1141），字鹏举，相州汤阴（今属河南）人。世力农。宣和四年（1122年），应真定宣抚刘韐募，后隶留守宗泽。康王即位，曾上书言黄潜善、汪伯彦辈不能承圣意恢复。奉车驾日益南，恐不足系中原之望。希望高宗亲率六军北渡，则将士作气，中原可复。在中兴名将中，岳飞年轻而立功最显。绍兴十年（1140年），金人复破河南、陕西州郡，刘锜大败金兵于顺昌，兀术走汴。岳飞败金兵于京西，收复河南诸郡。秋七月，岳飞大破金兀术于朱仙镇，距汴京四十五里。飞大喜语其部下曰：直抵黄龙府，与诸君痛饮尔！敌人惊呼：撼山易，撼岳家军难。而秦桧竟一日奉十二金字牌，强令班师。翌年，桧下岳飞狱，以莫须有之罪状之。抗金将领韩世忠曾在黄天荡阻击金兵四十八天，以八千将士将号称十万的金兵打得大败。而在岳飞被害之前早已被罢免了军权。两个抗金名将，一个被杀，一个被闲置起来。这些爱国的英雄是武将，但也有文才。岳飞的《满江红》就一直为人们所传诵。这首词慷慨激昂，是他爱国思想和英雄气概的集中体现。是反侵略战争中的抗敌诗歌，与大汉族主义思想有所区别。岳飞还有《小重山》词：

> 昨夜寒蛩不住鸣，惊回千里梦，已三更。起来独自绕阶行，人悄悄，帘外月胧明。
>
> 白首为功名，旧山松竹老，阻归程。欲将心事付瑶琴，知音少，弦断有谁听。

颇为高雅蕴藉，论者谓"欲将心事"三句盖指和议之非。（见《词林记事》卷九）韩世忠亦有些词作。（见《词林记事》）

士大夫代表人民的意志反对和议的有胡铨等人。1138年（绍兴八年）三月，高宗以秦桧为尚书右仆射同平章事兼枢密使。五月，王伦偕金使来。秋七月，王伦复如金。冬十月，金以张通古为江南诏谕使，来言归河南、陕西之地。十一月，高宗以孙近参知政事，诏群臣议和金得失。直学士曾开当草国书，辩视体制非是，论之，不听，遂请罢。开与秦桧面争，斥其不顾屈辱，有失国体。桧怒曰：圣意已定，尚何言？时开与从官张焘、御史方廷实等二十人皆极言不可和。时李纲已罢，提举洞霄宫，亦上疏言，谓虏无礼，要求无厌，不可言和，徒受要挟。最痛快激切的是枢密院编修官胡铨（即为秦桧之属下），上疏《戊午上高宗封事》，请诛王伦、秦桧、孙近，大胆表示："臣备员枢属，义不与桧等共戴天，区区之心，愿断三人头，竿之藁街。"书上，桧以铨狂妄凶悖，鼓众劫持，诏除名编管昭州。朝臣多救之，桧迫于公论，翌日，改铨监广州都盐仓。宜兴进士吴师古，锓其书于木。胡铨疏表现了当时爱国人士对投降派的痛恨，反映了广大人民要求抗战的决心，因而流传各处，轰动一时。也引起金人的震恐，想用千金买其疏底本。师古坐流袁州。胡铨被贬居广东时曾写《好事近》词：

　　富贵本无心，何事故乡轻别？空使猿惊鹤怨，误薜萝秋月。

　　囊锥刚要出头来，不道甚时节。欲驾巾车归去，有豺狼当辙。

这首词表明了他反对秦桧投降主义政策的斗争精神。胡铨（1102—1180），字邦衡，号澹庵，庐陵人。非文学家，但亦有词作，词集叫《澹庵词》（四印斋本），还写有白话散文《经筵玉音问答》。

　　同情胡铨，在胡铨遭贬斥为其送别因而得罪除名者有张元干。元干，字仲宗，长乐（今属福建）人，向伯恭之甥。有《芦川归来集》，词叫《芦川词》，作品较少。他由于《贺新郎·送胡邦衡赴新州》《贺新郎·寄李伯纪丞相》两首词触秦桧怒，追付大理削籍。

南渡初年的词人，比辛弃疾稍前的有张孝祥。孝祥，字安国，历阳乌江（今安徽和县）人，绍兴二十四年（1154年）状元。孝宗朝官中书舍人，领建康留守，寻以荆南湖北路安抚使，请祠禄，进显谟阁直学士。致仕，卒。有《于湖词》。以《六州歌头·长淮望断》最有名，最见其忠愤之气。六州指伊州、梁州、石州、渭州、氐州、甘州。唐代大曲，边塞舞曲。歌头，大曲之头。词中他哀悼北方的沦陷，"洙泗上，弦歌地，亦膻腥"；他指责朝廷之用和议，愤慨收复河山的壮志不能实现，"念腰间箭，匣中剑，空埃蠹，竟何成！时易失，心徒壮，岁将零，渺神京"；他写出了中原父老盼望王师的北伐，"闻道中原遗老，常南望、翠葆霓旌。使行人到此，忠愤气填膺，有泪如倾"。写得豪壮沉郁，接近稼轩风格。

《渚山堂词话》云：张安国在治江帅幕，一日预宴，赋《六州歌头》，歌罢，魏公流涕而起，掩袂而入。《花草粹编》卷十二录《朝野遗记》云：安国在建康留守席上，赋此。歌阕，魏公为罢席而入。魏公即张浚，孝宗时为枢密使，都督江淮军马，后封魏国公。陈廷焯《白雨斋词话》评此词云：淋漓痛快，笔饱墨酣，读之令人起舞。

张孝祥《念奴娇·过洞庭》一首模仿苏东坡《念奴娇·中秋》和《水调歌头·明月几时有》，雄放飘逸，颇似东坡。孝祥词近东坡、稼轩，亦豪放一派。

此外，在北宋、南宋之际有名的词人有朱敦儒，有名的诗人有陈与义。

朱敦儒（1081—1159），字希真，洛阳人，为一放浪江湖的人，有隐士作风，词集名《樵歌》。他早年居住北方，北宋亡国，他随着南迁。经过乱离，所以有许多感慨家国之作，如《雨中花·岭南作》《水调歌头·淮阴作》。其词的特点是文字近于白话，写山水田园，意境清新。

陈与义（1090—1138），字去非，号简斋，洛阳人。有《简斋诗》《简斋词》。他的诗从黄山谷、陈后山，因此亦列入江西诗派中。惟经历汴京沦陷、北宋之亡，晚年流落湘南，多感慨沉郁之音。《四库提要》谓其"至于湖南流落之余，汴京板荡之后，感时抚事，慷慨激越，寄托遥深，乃往往突过古人"。陈简斋曾向杜甫学习，变革江西诗派专讲究格律用事的作风。他的诗从江西诗派入门，经过家国危难，诗风转向李白、杜甫。

惟张孝祥之与词、陈与义之与诗，皆不及辛弃疾、陆游二人之伟大。辛词与陆诗代表南宋时期文学创作与爱国主义思想密切结合的最高成就。

辛弃疾（节选） 浦江清

辛弃疾的生平

辛弃疾是陆游同时代人，同样是爱国主义作家，处在南宋初期宋金对峙的局面，都抱着恢复中原的志愿，有一番抱负，而不能实现，以充满了爱国思想的文艺作品丰富了我们的文学遗产的。不过，陆游主要是诗人，辛弃疾的主要创作是词。辛弃疾是热烈的爱国主义者，在词的文学史上留下光辉的一页。

辛弃疾（1140—1207），字幼安，晚年号稼轩，济南历城人。有《稼轩集》行世。

辛弃疾的一生可以分为几个阶段：

第一阶段：1140—1162，二十三岁以前。

辛弃疾生在靖康之乱后十三年。在他出生时，山东已经沦陷，在金人统治之下。他的祖父辛赞曾经做过金人的小官吏，是为了保全家族。辛弃疾说："以族众拙于脱身，被污虏官，留京师，历宿、亳，涉沂、海，非其志也。"虽任虏官，仍心向国家，从小培养辛弃疾的爱国思想。辛弃疾幼年曾随祖父到过燕山，察看山川形势，很熟悉山东、河北的地理环境和金人的内部虚实。

辛弃疾年幼好学，擅长文学，与党怀英同学。

辛弃疾是一位英勇的青年，他参加抗金的人民义军，在耿京部下任掌书记。1161年，金主完颜亮从燕都迁于汴梁，率六十万大军南侵，山东人民奋起抗金。耿京的部队壮大到二十五万人，自号天平军节度使。金人因后方受人民义军的牵制，打到江淮时，被南宋主将虞允文大败于采石矶。完颜亮被部下杀死，南侵失败。

辛弃疾参加了战斗，他是一位有智谋、有决断的战士。耿京的义军组织是散漫的。和尚义端率领一二千人由辛弃疾劝说归从耿京，后义端窃印以逃，京大怒，欲杀弃疾。他与耿京约，限期三日追回。他知道僧义端要投向金人，追捕杀之，耿京自此重视他。

完颜亮死后，中原有恢复的希望，但是人民义军如果不与南宋政权联合，还是容易被击破的。因此，辛弃疾劝耿京归附南宋。1162年正月，耿京派辛弃疾同贾瑞等十一人渡江，见宋高宗于建安行宫。高宗赵构授耿京为天平军节度使，辛弃疾为右承务郎，命枢密院差使臣与贾、辛等诣京军。但当他们回到山东时，耿京为叛将张安国所杀，张降金。弃疾乃约统制王世隆及忠义人马全福等径趋金营。安国方与金将酣饮，即众中缚之以归。金将追之不及。献俘行在，斩安国于市。

缚僧义端和在敌营中生擒张安国两事足见辛弃疾之智勇。

第二阶段：1163—1170，在南宋做小官吏，献恢复中原之策时期。

宋孝宗朝，辛弃疾历任江阴签判与建康府通判。孝宗即位后，一度有志于恢复中原，辛弃疾怀着满腔报国热情，力图有所作为。1163年在江阴签判任上《论阻江为险须藉两淮疏》和《议练民兵守淮疏》，他根据亲身经验，提出防守的建设性意见。他说明两淮在国防上的重要性，必须训练民兵。以十万户之民养十万兵，集中三镇以守，不宜分散民力。这样才能防御敌人，并且作为恢复中原的出发点。1165年，他又上《美芹十论》，详论恢复中原的策略，洋溢着爱国的热情。辛弃疾的这些意见，都是从分析客观形势和自己的经验得出的，很有价值。但是这些策略没有受到重视，更说不上实行。孝宗在"符离之败"后也气馁了，只图苟安江南。辛弃疾后来又任建康府通判、司农寺主簿。1170年，召对延和殿，辛弃疾上《九议》给宰相虞允文，大略云今日之弊在于言和者欲终世而讳兵，论战者欲明日而亟斗。辛意：（1）无欲速，欲速则不达。（2）宜审先后。（3）能任败，一胜一败乃兵家之常，讵一败便沮，成事乎？辛意在知彼知己，谋而后战。但他的意见也没有得到应有的重视。没有人理解他的爱国心意，他郁郁不得志，悲愤地写道：

　　　楚天千里清秋，水随天去秋无际。遥岑远目，献愁供恨，玉簪螺髻。落日楼头，断鸿声里，江南游子。把吴钩看了，栏干拍遍，无人会，登临意。

　　　休说鲈鱼堪脍，尽西风、季鹰归未？求田问舍，怕应羞

见，刘郎才气。可惜流年，忧愁风雨，树犹如此。倩何人、唤取红巾翠袖，揾英雄泪！（《水龙吟·登建康赏心亭》）

第三阶段：1171—1181，是南宋王朝重视辛弃疾的时期。

南宋统治者知道他有才能，开始重视他，同时也是利用他。辛弃疾这一时期历任司农寺主簿，滁州知府，仓部郎官，江西提点刑狱，湖北、湖南转运副使，知潭州兼湖南安抚使，江西安抚使，浙西提点刑狱，等等。他做了许多有利于人民的事，也做了些镇压人民的事。在江西提刑任上，"讨平"了茶商赖文政之"乱"，在湖南安抚使任上，也以平"盗贼"著名。辛弃疾的文武策略，原来是准备用在北伐中原的，这时被利用来作镇压人民的工具，他的内心是痛苦的。他说盗贼其实是被逼而起的人民。1179年在湖南转运副使任上，写了《论盗贼札子》给孝宗，明白地说："夫民为国本，而贪吏迫使为盗，今年剿除，明年划荡，譬之木焉，日刻月削，不损则折。欲望陛下深思致盗之由，谋求弭盗之术，无徒恃平盗之兵，申饬州县以惠养元元为意。"这里，辛弃疾提出了根本的症结在于政治上腐朽，所以，辛弃疾严厉镇压贪官污吏，但因此被弹劾，说他"杀人如草菅"。辛弃疾在地方官任上兴水利，办学校，放赈救济人民，而这些为朝廷所侧目，终被诽谤而罢职，退居江西。

第四阶段：1182—1207，闲居时期。

1182—1191年，他住在上饶，筑室于带湖旁。他归耕了，尝谓人生在勤，当以力田为先，故以稼名轩，自号稼轩居士。他过着安闲的生活："稼轩日向儿曹说，带湖买得新风月，头白早归来，种花花已开。"（《菩萨蛮》）身在农村，心系国家，但壮志难酬，他的《鹧鸪天》词就写出了这一时期的心境：

> 追往事，叹今吾，春风不染白髭须。却将万字平戎策，换得东家种树书。

后来，光宗即位，1192年，辛弃疾出任福建提点刑狱。翌年秋，知福州兼福建安抚使。又被人奏劾落职，1196年徙居铅山县瓜山之下。辛弃疾六十四岁时，韩侂胄当国，他又被起用为绍兴知府。六十六岁时，他知镇江府。眺望长江，回想他二十三岁时从扬州渡江归宋，已经四十三年了，他写道：

> 千古江山，英雄无觅、孙仲谋处。舞榭歌台，风流总被、雨打风吹去。斜阳草树，寻常巷陌，人道寄奴曾住。想当年、金戈铁马，气吞万里如虎。
>
> 元嘉草草，封狼居胥，赢得仓皇北顾。四十三年，望中犹记、烽火扬州路。可堪回首，佛狸祠下，一片神鸦社鼓！凭谁问：廉颇老矣，尚能饭否？（《永遇乐·京口北固亭怀古》）

年近七十，壮心犹在！这首词是辛弃疾晚年代表作，它对了解词人一生事迹，对于了解他的词是很有帮助的。

1207年辛弃疾告老还铅山，八月得疾，九月初十卒。葬铅山县南十五里阳原山中。

辛弃疾的词

辛弃疾的诗和散文留下的不多，他主要是词人。他的词的创作极为丰富，有六百多首，是古今词人中最丰富多产的。他的词集叫《稼轩长短句》（四印斋所刻词本）或《稼轩词》（《宋六十名家词》）。

辛弃疾平生"以气节自负，以功业自许"（范开语）。但他的理想并未实现。他的满腔爱国热情无法吐泄，于是悲歌慷慨的心情在词中得到了最为充分的表现。他的词就是他的抱负和纵横的才气在他当时最流行的文艺形式中的表现。

辛弃疾进一步发展了苏轼所开拓的词的境界，题材极广阔，有抒情，有说理，有怀古，有伤时。笔调是多方面的，无意不可入，无事不可言。悲愤、牢骚，嬉笑怒骂，皆可入词。

稼轩词豪放雄壮，充满爱国思想，有英雄气概，和放翁诗近似，而痛快淋漓，又过于苏轼。辛弃疾"舟次扬州"，回忆当年在此参加抗敌事业的轩昂气概：

落日塞尘起，胡骑猎清秋。汉家组练十万，列舰耸层楼。谁道投鞭飞渡，忆昔鸣髇血污，风雨佛狸愁。季子正年少，匹马黑貂裘。（《水调歌头》）

披貂裘，骑骏马，目睹打败完颜亮的南宋军队军容大盛，辛弃疾对中兴充满希望。而当他回忆年轻时骤马驰金营于数万敌军中生擒叛徒的情景，更是豪情满怀：

> 壮岁旌旗拥万夫，锦襜突骑渡江初。燕兵夜娖银胡䩮，汉箭朝飞金仆姑。（《鹧鸪天》）

但是壮志难酬，所以辛词更多的则是表现磊落抑塞之气：

> 更能消、几番风雨，匆匆春又归去。惜春长怕花开早，何况落红无数。春且住，见说道、天涯芳草无归路。怨春不语，算只有殷勤，画檐蛛网，尽日惹飞絮。
>
> 长门事，准拟佳期又误。蛾眉曾有人妒。千金纵买相如赋，脉脉此情谁诉？君莫舞，君不见、玉环飞燕皆尘土。闲愁最苦。休去倚危栏，斜阳正在，烟柳断肠处。（《摸鱼儿》）

国难当头，报国无门，不免发出"烟柳断肠"的哀怨。陈廷焯《白雨斋词话》评曰："词意殊怨，然姿态飞动，极沉郁顿挫之致。起处'更能消'三字是从千回万转后倒折出来，真是有力如虎。"梁启超评云："回肠荡气，至于此极。前无古人，后无来者。"（《艺蘅馆词选》）据罗大经《鹤林玉露》说：宋孝宗看了这首词，虽然没有加罪于辛弃疾，但很不高兴。作为爱国志士，忧怀国事的哀愁，无处倾诉，只有借词宣泄出来。"江南游子。把吴钩看了，栏干拍遍，无人会，登临意。"（《水龙吟》）"郁孤台下清江水，中间多少行人泪！西北望长安，可怜无数山。　　青山遮不住，毕竟东流去。江晚正愁予，山深闻鹧鸪。"（《菩萨蛮》）前词写英雄无用武之地，直抒胸臆；后词"惜水怨山"（周济《宋四家词选》），登台远望，北方山河，仍在敌手，只有借鹧鸪鸣声来抒发自己羁留后方、壮志未酬的抑塞苦闷心情了。

在辛弃疾笔下，壮志未酬的愤懑之情也能表现在别词里：

> 绿树听鹈鴃，更那堪、鹧鸪声住，杜鹃声切！啼到春归无寻处，苦恨芳菲都歇。算未抵人间离别。马上琵琶关塞黑，更长门、翠辇辞金阙。看燕燕，送归妾。
>
> 将军百战声名裂，向河梁、回头万里，故人长绝。易水萧萧西风冷，满座衣冠似雪，正壮士悲歌未彻。啼鸟还知如许恨，料不啼清泪长啼血。谁共我，醉明月？（《贺新郎》）

辛茂嘉是弃疾族弟，因事贬官桂林，辛弃疾写了这首在辛词中很著名的《贺新郎·送茂嘉十二弟》。词与柳永别词风格大不同。连用若干离别典故，竟似一篇小别赋，而以"啼鸟还知如许恨，料不啼清泪长啼血"收住。他把兄弟别情放在家国兴亡的大背景下来写，借历代英雄美女去国辞乡的恨事，来抒发山河破碎、同胞生离死别的悲情。梁启超指出："算未抵人间离别"句"为全首筋节"（《艺蘅馆词选》）。这是切中肯綮的评论。陈廷焯评曰："稼轩词自以《贺新郎》一篇为冠。沉郁苍凉，跳跃动荡，古今无此笔力。"(《白雨斋词话》)王国维的《人间词话》说:"稼轩《贺新郎·送茂嘉十二弟》,章法绝妙,且语语有境界,此能品而几于神者。然非有意为之,故后人不能学也。"

辛弃疾继承了苏轼的豪放一派。不过苏轼的豪放,在思想上是超旷的,类似陶渊明、李白;而辛弃疾的豪放,风格上是雄浑而壮伟,同时沉郁而悲愤。这是辛弃疾所处的时代和他的遭遇所决定的。他有些像词中的杜甫。

当然,稼轩词也有清新的一面。他的才能是多方面的。他不但善于写回肠荡气、慷慨激昂的壮词,还能写情致缠绵、秾丽绵密的婉词。著名的《祝英台近》就是这方面的代表:

> 宝钗分,桃叶渡,烟柳暗南浦。怕上层楼,十日九风雨。断肠片片飞红,都无人管,更谁劝、啼莺声住?
>
> 鬓边觑,试把花卜归期,才簪又重数。罗帐灯昏,哽咽梦中语:"是他春带愁来,春归何处,却不解、带将愁去。"

深闺女子的相思之情写得细腻传神、温婉清丽,与稼轩大部分词词风迥异。沈谦在他的《填词杂说》里说:"稼轩词以激扬奋厉为工;至'宝钗分,桃叶渡'一曲,昵狎温柔,魂销意尽,词人伎俩,真不可测。"这其实正说明辛词风格是多样化的。更可喜的是,在十年退隐的日子里,辛弃疾和农民有了亲密的交往,了解了农民朴素的生活,情感和农民接近了,写了不少清新自然、富有情致的农家生活的词:

茅檐低小，溪上青青草。醉里吴音相媚好，白发谁家翁媪？

大儿锄豆溪东，中儿正织鸡笼，最喜小儿无赖，溪头卧剥莲蓬。(《清平乐》)

一幅农家生活画图。此外，像"东家娶妇，西家归女，灯火门前笑语。酿成千顷稻花香，夜夜费一天风露"(《鹊桥仙》)；"父老争言雨水匀，眉头不似去年颦"(《浣溪沙》)反映了农村温厚的风俗，也分担了农民的欢愁。

辛弃疾善于从前人典籍中学习语言，融入自己词中。如《踏莎行》的：

衡门之下可栖迟，日之夕矣牛羊下。

是《诗经》的句子："衡门之下，可以栖迟。""日之夕矣，羊牛下括。"又如《水调歌头》：

余既滋兰九畹，又树蕙之百亩，秋菊更餐英。

是《离骚》的句子。《水龙吟》：

人不堪忧，一瓢自乐，贤哉回也！料当年曾问：饭蔬饮水，何为是栖栖者？

是《论语》的句子。《哨遍·秋水观》全是《庄子》的语句。

苏东坡用诗的笔调来写抒情的词，辛弃疾则用的是散文笔调，加入说理部分，更把词扩大了。他才气横溢，无所不可，这也是词的解放。词就代表辛弃疾的谈吐。

辛词爱用典故，这是前人所极少的，所以有"掉书袋"之讥。用典故自然在旁人理解上增加一些困难，但它可以增加词的表现力。

对辛词的评价，从前不算高，苏辛词是被看作别派的，这是由于囿于词以婉约为宗的说法。其实辛弃疾的成就是很大的，他集词之大成，把词发展到最高峰。他的词是爱国主义的。

辛弃疾的遭遇局限了他，他的词对于生活的反映，不能写得更直接、更明显、更广泛、更丰富，而且用文言、用典故，不能很好结合口语，宜朗诵，不宜歌唱。

辛弃疾的朋友陈亮和刘过的词，风格上都和他相近。陈亮主要是哲学家和政论家，刘过有《龙洲词》，才气不及辛弃疾。

姜夔与词的衰落 浦江清

辛弃疾的词已达到词的高峰，有各方面的题材。但向来论词的认为是词的别派。一般讲求音律与格调的词人，还走着周邦彦的道路，而继续有所发展，姜夔为代表。

姜夔（约1155—1209），字尧章，鄱阳人。后来寓居吴兴，与白石洞天为邻，号白石道人。其词集名《白石道人歌曲》。布衣终身，未仕，与范成大为友。为人清洁高雅，能诗词。白石诗有唐人风格，尤善于七绝；词更著名，为南宋名家。精于音律，研究古乐，尝进《大乐议》与《琴瑟考古图》，欲兴古乐，但不为朝廷所重视。亦善书法，有临王羲之禊帖，又研究金石。

白石词继承前人音调外，尚有"自度曲"，皆有旁谱，为今日研究词的歌唱法与音律的可贵的材料。

白石词的特点是：（一）他本人精于音乐，讲究黄钟大吕等古乐，乐律水平很高，且有很多"自度曲"，如《暗香》《疏影》《扬州慢》等二十多种曲调，自吹自唱，非常高雅。他曾有诗云："自作新词韵最娇，小红低唱我吹箫。曲终过尽松陵路，回首烟波十四桥。"（《过垂虹》）风度如晋宋间人。这种隐士派的作风，脱离政治，亦当时政治混浊所造成。他与范成大为友，而终身布衣。如以范比王维，白石颇似孟浩然。（二）词有唐音，富有抒情诗风味，很清新。

姜夔有代表性的词有《扬州慢》《暗香》《疏影》等，皆自度曲。其《扬州慢》云：

> 淮左名都，竹西佳处，解鞍少驻初程。过春风十里，尽荠麦青青。自胡马、窥江去后，废池乔木，犹厌言兵。渐黄昏，清角吹寒，都在空城。
>
> 杜郎俊赏，算而今、重到须惊。纵豆蔻词工，青楼梦好，难赋深情。二十四桥仍在，波心荡、冷月无声。念桥边红药，年年知为谁生！

描写了战乱后扬州的凄凉景象。《暗香》《疏影》皆咏梅花，为范石湖而作。清隽高雅，惟多用暗典不易理解。其《齐天乐》咏蟋蟀一首，亦善于铺叙。白石善于作词题，短短数句，颇有情致。

姜夔的词，属于古典的格律派，继承周邦彦作风。同时，由于他的孤高情性，他的词往往选字炼句太过，气魄不大。赵子固说："白石，词家之申韩也。"周济说："白石局促，故才小。"（《介存斋论词杂著》）都切中他的要害。姜夔词用典多，有的极暗，不易理解。王国维觉其形象不明朗，"虽格韵高绝，然如雾里看花，终隔一层"（《人间词话》）。

此后词人继清真、白石一派者有史达祖（《梅溪词》）、吴文英（《梦窗词》）。吴文英（1205—1270），浙江四明人，《梦窗甲乙丙丁稿》有词三百余首。与辛弃疾词相反，协律、用典、咏物、修辞的作风，在梦窗词中特为强度的表现。有人认为"求词于我宋，前有清真，后有梦窗"。而张炎则评为"如七宝楼台，眩人眼目，碎拆下来，不成片段"（《词源》）。这是说梦窗词是堆砌的，没有完整的境界，只有片段的美丽。惟梦窗词却有巨大的影响，直到清末词人。

吴文英之后，宋亡前夕，词人还有蒋捷，有《竹山词》；周密（1232—约1298），有《草窗词》；王沂孙（？—约1290），有《碧山乐府》；张炎（1248—1314后），功臣张俊之后，有《玉田词》（又名《山中白云词》）。这四位都是宋末词人。讲求音律，处在宋末，经亡国之痛，词多凄苦之音，亦多寄托。《玉田词》较为空灵，以浪漫自由的精神入于古典格律，表现的手法由意象与白描到深密的刻画字句。然而颇多凄苦之音，像秋风吹过的野草一样。张炎的《词源》一书总论词的作法与音律等，为较为系统的词话。张炎结束了宋词。

后人论词，谓北宋词高，南宋词深。盖北宋多以诗人作词，或者结合通俗歌曲，意境广阔，故"高"；南宋如姜夔以后专精于词，境界较狭，而刻画字句，尚寄托，故"深"。词本是俗文学，最初是和人民歌唱结合在一起，反映的也是一般人民大众的思想感情，因此就显得清新、健康、活泼。但北宋以后，渐渐讲究典雅，天地也渐渐小起来。这种倾向，晏、欧已开其端，柳永、苏轼稍有解放，到了周邦彦，词就充分成熟，同时也完全脱离民间歌唱。士大夫自己作曲，成为个人吟咏，又刻意专创造词的特有境界，走上了狭隘的路子。词既不结合于通俗歌曲，又不用诗的作法，写的是身边琐事，词句又高深，成为专家所懂得的东西，发展过度，便走上衰落的道路了。